Briser ses chaînes… pour un autre destin

Autobiographie

Azzam AZZOUZI

« Tu murmures et je te comprendrais »
disaient les anciennes *nédromis*

Les messages se transmettent en faufilant des phrases pour ne laisser visibles que des mots et dont l'ensemble ne supporte aucun décousu. C'est en étirant cette toile couverte d'une jaquette qu'on déchiffre un livre dont seule l'allusion du titre compose la trame du récit. Le fil teinté d'une encre noire coulisse attelé à une aiguille, lui servant de guide, d'une légèreté de plume et à qui, l'homme a insufflé ses pensées pleines d'émotions. L'écriture est un art portant en lui la pensée où le geste exprime un mouvement musical se traduisant par des articulations que les artistes ont empruntées comme à de nobles modèles, sujets de leurs inspirations et que la nature a initié. Tout ce qui est dit ou écrit est le lien entre nous ... et l'autre.

Briser ses chaînes… pour un autre destin

Azzam AZZOUZI

Pour ceux qui ont quitté le cercle

« Sous les talons d'une mère se trouve le paradis. » A Mansouria ma mère, que le destin m'a très longtemps privé de serrer dans mes bras.

« Tu disais nous aimer plus que tout, mais l'Algérie d'abord. Je salue tes sacrifices, même ceux de nous avoir délaissé pour ta cause est restée la nôtre. »

« A mon père, El Habib El Watani. »

« Dans notre couple, tout ce qui a été fait de bien, vient de toi et moi le reste : à ma bien aimée Carmen, et nos trente ans de fusion. »

« Quand vous avancez dans l'inconnu, c'est la première lumière qui vous guide. Moi c'est mon premier enfant, et qui

8

m'est plus que lumière. Nora »

« Si un jour vous me dites qu'on vous a surpris dans le noir, on vous a quitté dans le silence, et on vous a laissé les bras et le cœur chargés de ce que vous vouliez de bien, j'aurais deviné le passage d'un ange généreux, mon fils Karim. »

« Par orgueil, des parents identifient leurs enfants à eux-mêmes, moi j'aurais voulu m'identifier à la transcendance, l'améthyste et la générosité qui ne font qu'un seul être. Mon fils Yohann Merwan »

A mon frère Chouaîeb assassiné dans nos bras

Le ciel s'assombrit et les oiseaux se taisent

Les arbres du patio souffrent et se courbent

Comme une déferlante qui brise une falaise

Pire que le bruit le silence est fourbe

Vous abat debout, vous met mal à l'aise

Au milieu d'une partition le violon se tait

Comme au retour d'un heros et qu'une foule blame

Il inverse le cycle et met l'hiver en été

Comme un officier blessé par sa propre lame

Après l'ivresse c'est la douleur d'avoir fêter

Comme une terreur nous surprend et qu'on acclame

Quand l'enfant sage fuit sa maison

nous voulons la guerre plutôt que vivre la paix

Il se tait à jamais le temps pour un ciel sans clarté

On entend passer une ombre et les portes claquer

On entend ses cris sourds et ses pas douloureux

Bien sûr qu'il n'est plus cet enfant

Qui nous rappelle les moments heureux

Et se rompt le lien d'une mère à son avenir

Encore une fois le tour de table est clairsemé

Sa place est occupée juste par nos souvenirs

Il est absent, celui qu'on a aimé

Le temps d'avoir été

Si peu de temps gardien d'une image

Qu'il vienne semer sa terreur,

Casser les verres avec ses fracas

Et qu'il ne soit plus sage.

C'est Dieu, c'est le ciel, c'est l'enfer.

Mais que sont tous ces mirages ?

Ils nous troublent, et en lui, nous demande d'y croire

Du fruit, il nous laisse le noyau amer

Et de l'amour, le reflet d'un miroir

De la tristesse on se console le jour

Quand, nous fatiguait déjà le soir.

Et que l'on éteigne les lumières,

Mieux que tout, que la haine, c'est l'amour.

Demain, est dans nos prières

Demain sera vide pas même un espoir

Après la vie viendra le temps, d'aller à la terre

Lui, de sa main, j'en garde l'innocente douceur.

Le dernier au revoir, de son regard vert,

Son corps fatigué dans les bras de ma mère

La vie déjà m'inflige son revers.

Il nous emporta tous, dans une dernière image

En nous offrant un dernier sourire

Je ne l'ai pas oublié, il était mon cadet de son âge

Mais que pourrai-je bien lui offrir ?

Un an le temps qui nous séparait

De lui on n'en a presque plus parlé

Et d'avoir été là, j'ai fait tourner sa page

Il me laisse un cercle de solitude

J'étais de tous les regards qui lui étaient dus

Tout a changé chez nous, surtout nos habitudes

Et ce n'est pas à ces quelques vers prés .../...

Que tout lui sera rendu

Dans un siècle que je vivrai,

Pas un jour je n'oublierai

Qu'il était né pour mourir

Et j'ai vécu la part de mon frère.

Et si j'avais pu, oui si j'avais pu

La violence ne l'aurait fait taire…

Azzam

Nédroma aurait disparu dans l'anonymat, ou dans une banale liste de petites villes, n'ayant attirée aucune attention sur elle. La modestie de ses habitants est innée, et relative à tout ce qui leur appartient dès leur naissance, issue même de leur patrimoine génétique ou de ses prédispositions. Dès l'enfance des comportements proprement locaux se transmettent sans parler d'une hérédité spirituelle.

L'enclavement dû à son relief montagneux accidenté ne lui ouvrant les chemins que vers la côte des Souahlia rendait peu attrayantes les communications avec les autres régions. Les efforts d'ouvertures vers les autres poussaient les *Nédromis* plutôt à s'extraire ou s'arracher avec beaucoup de peine à sa terre. Les manques de moyens modernes de communications jusqu'à notre dernière décennie ne les avaient pas découragés, mais ont limité quand même leur prétentions ou ambitions dans des activités économiques qu'ils aimeraient tant déployer en vertu de la bosse du commerce et de l'artisanat qu'ils ont à peu près tous. Les routes qui reliaient la cité des Almohades autres villes importantes étaient étroites tortueuses et accidentogènes depuis que la voiture à moteur est là. Mais rien n'empêche qu'ils aient tous la tentation d'aller voir un ciel plus vaste et un horizon d'une autre palette de couleurs.

Sa population tient le discours paradoxal de minimiser son importance à travers une autocritique sans concession. Pour ceux qui prennent la patience de découvrir les coutumes du pays, ici l'humour ne se gradue pas en échelons, mais se peaufine avec subtilité par une lecture métaphorique où chacun y va de sa manière et ses excès.

Les auteurs de ces auto-flagellations poétiques ne s'attardent pas sur leur sort et vont chercher ailleurs à égrener d'autres sujets qui se trouveraient sur leur passage. Des poètes, ascètes, et mystiques du soufisme et d'autres nombreuses confréries *zaouyates* ont laissé des écrits et récits à profusion. Les générations suivantes encore à ce jour reprennent sans cesse le témoin pour la faire briller encore. Sous d'autres cieux ils sont plus discrets d'apparence mais ne manquent pas ou plutôt ne rate pas l'opportunité de se faire valoir. Vous ne pouvez assister à une réunion ou dialogues en dehors de cette ville sans que vous n'ayez entendu le mot Nédroma prononcé plusieurs dizaines de fois, ne serait-ce que par une personne originaire de ce pays. Leur seule désolation c'est quand des interlocuteurs originaires d'ailleurs répètent le nom avec une déformation.

Après un sommeil bien profond sur les ruines de la déculturation coloniale, les coutumes locales se perpétuent sur les lieux, et se dispersent à travers les territoires où s'exilent assez loin les enfants du pays. Aidées en cela par des chanteurs bien connus dans le genre andalou, comme le groupe de El Mouwahidya dirigée par le talentueux Mohammed Ghaffour et son groupe d'amateurs de *haouzi*, chants de longues poésies composées de strophes et de refrains dans la langue usuelle de Tlemcen et Nédroma. Et aussi des intellectuels expatriés et migrants ayant quitté le pays pour des raisons économiques surtout et gardé des liens avec le pays. La nostalgie est le plus gros bagage qu'ils gardent avec eux, qu'ils revisitent souvent à chaque soir en pensant aux leurs et à leur Nédroma en espérant un retour qui pleins de bagages en diplômes pour les uns et richesse pour les autres. Beaucoup ne l'avoueront pas mais les larmes aux yeux chantent l'une de ces chansons du répertoire commun à tous. *Hna ghorba Wa-hassine Bighourbatna*, (nous sommes étrangers et nous sommes conscients de notre éloignement)

Les étrangers débarqués et non-initiés sont pris au dépourvu dans ces poésies locales et ne savent de quel aloi il faudra répliquer. C'est avec de tels calembours que les natifs de la Tarbia, Gnawa et Béni zid arrivent à piper la naïveté de visiteurs vacanciers de la ville. Les fous même, à Nédroma parlent un langage métaphorique et l'appliquent dans l'espace de ce discours incompréhensible d'adjoindre le geste à l'explication où des chiffres et des mots transforment en pratique, l'action dans le tracé précis des trajectoires de leurs projectiles. Ils vous lancent des insultes blasphématoires ou des cailloux, comme ils ont appris dans leur enfance, selon la disponibilité du matériau et le niveau d'exaspération du moment. Serait-il vraiment fou un homme auquel l'on demanderait de passer sous un trait tracé à la craie blanche sur sol dans la largeur d'une rue, contre une récompense ? Faites un effort de soulever ligne blanche d'un centimètre ou deux et je suis votre candidat pour passer dessous répondit-il.

Pour les insultes et insanités qu'ils déversent pardonnées en l'occasion, sont déviées par ricochet, et c'est vous, que ces croyants, ayant eu la même expérience du délit et de la cruauté, aujourd'hui oubliés chez ceux assagis par l'âge, maudissent en pensant que les délires de ces aliénés sont provoqués par le divin pour indiquer du doigt le génie du mal que vous êtes. Les quelques *guendouz* (élève de l'écoles coraniques) n'étaient pas en retrait du groupe de lâches petits guerriers de rue forts par le nombre, et armés de cailloux, voir même de frondes, harcelant ces malades dont les cas se sont aggravés avec le temps et la constante des violences de cette armée du chahut. Dès leur jeune âge beaucoup de ces « malades » et pour certains sont passés de timides ou cancres de classe à l'étape de marginalisés et sujets de la risée de ces maîtres contemplateurs du temps qui passe devant la porte de leur boutique attendant que le sou arrive. Non ils n'auraient pas été si fous si l'exaspération, pardonnée par la passivité des parents et tous les sujets adultes de la cité, les vrais débiles qu'ils aient étés conscients de leur état Le *taleb* (maître) à l'école coranique qui avec sa badine de trois mètres en *zebboudj* (olivier sauvage) corrige les indisciplinés dans le rang le plus éloigné du maître, somnolents et dont certains voyant venir vers eux un coup de châtiment du *fekih* (maître) récitent en playback au cœur d'une chorale où l'on entend des envolées lyriques quand les titres de sourates (versets) reviennent à chaque début de récitation. Des fois, constamment même, sa récompense qui tombe sur vous, vous honore presque, mais punit et exaspère si elle se répète, votre mère dont la corvée est de lui faire une grande théière accompagnée de galettes de semoule ou beignets pour son gouter de dix heures ou de quatre heures de l'après-midi, quand votre mémoire à clos en elle la *soura* et écrite sur la *louha* (planche*)* sur laquelle l'élève à contour de dessins géométriques coloriés qu'il a improvise ou aidé de ses camarades plus âgés, afin d'attirer l'attention des adultes commerçants et autres pour obtenir une récompense pour son assiduité. Il y a aussi les instituteurs véhéments, devenus notables par l'obtention d'un certificat d'études primaires où à peine un petit peu plus comme le brevet et imbus de leur petites connaissances à peine égales aux miennes quand j'avais fini de les fréquenter, pas tous heureusement , dans du bon lait il y a la bonne crème et le beurre avait son prix, celui de la réussite, Ces derniers qui ont réussi pour eux et pour les autres étaient surtout les premiers en tout et ont fait réussir les autres, du moins jusqu'à la fins de leurs études dans ce petit triangle de

21

ville oubliée , qui a défié toutes les cités utopiques actuelles dessinées pour la réussite de ceux qui les habitent et l'oublie de ceux qui les construisent. Nédroma, une vieille ville effritée par la pauvreté, l'oubli et une part d'ingratitude et même aujourd'hui d'ignorance. Ses murs entretenus étaient solides et épais, tenaient debout sur des fondations profondément ancrées dans ses traditions et la tentation pour les uns comme pour les autres, de réussir par ses enfants, ceux qui peuvent difficilement contenir leur volonté d'aller au plus loin se parfaire pour échapper à ce petit banc en bois que tout le monde possède et peut servir des fois de planche à découper les légumes ou hacher le persil, objet devenu usuel condamné à perpétuité à vous soulager de votre poids à rester debout devant la boutique où l'on vend plus de patience à attendre le client que de boites d'allumettes ou la demie livre de condiments souvent même les mâles le sortent dehors devant le seuil de leur maison pour prendre l'air et bavarder avec les voisins et les passant à la tombée de la fraîcheur.

Nous vivions une période de guerre intense ces années-là. Nous étions tous les jours dans l'attente d'un événement qui vienne se rajouter à nos habitudes. Pour les enfants, c'était presque espéré pour mettre un peu plus de piment dans notre vie. Et autant que sa ce passe au plus près de nous pour que nous soyons les héros des premières loges, pouvant au moins raconter comment on a failli presque mourir et y inclure notre comportement héroïque.

Sa population brassée issue de diverses arrivages migratoires et conquêtes tribales et dynastiques historiques est restée réceptive à tout renouveau. Ce qui a empêché un état précédent tout déclin J'ai eu mes passages dans cette rubrique, comme tout un chacun ayant grandi ici. Une ville plus grande comme Tlemcen se serait clanifiée et démembrée au moment des exodes d'après-guerre, à Nédroma est *nedromi* tout nouvel arrivant s'il n'est pas de loin mais restera sous veille de l'œil méfiant et jaloux des autochtones.

Aux murs foncés d'un gris sombre, la ville s'était figée à partir d'une vieille histoire de deuil, pour certains, après l'arrivée de cet exil d'Andalousie, d'une grande partie des ancêtres de sa population actuelle. Pour les autres définitions, on n'en sait rien ou on ne cherche pas à savoir. Une autre fois la révision de l'histoire retrouvée et réécrite donnera un sens à toutes ces légendes.

Après l'indépendance, les sourires sont revenus et la clarté des murs fut imposée par les autorités du 19 mars qui avaient capturé la mairie, le commissariat et tout le reste du pouvoir vacant et qui avaient commandé de facto les travaux de ravalement de toutes les façades sans aucune aide de financement public. Pour cela deux peintres attitrés, avec chacun, aidé de son unique ouvrier, se partageaient la ville pour la badigeonner de lait de chaux, de bas en haut.

Les deux artisans, peut-être pas au même moment, pour l'un d'eux au moins, se sont équipés de pompe à roulettes et d'une longue lance de projection de peinture croyant la richesse rapide au bout. Mon voisin Benaîssa Benamar qui passait, son temps à débiter son langage sortant de l'ordinaire et à la limite du grossier admis, s'il n'y a pas d'enfants très jeunes et affiner ses blagues, de gestes et d'imitations quand ce n'était pas des moqueries. Il était, comme nombreux dans mon quartier à jouer, à celui qui faisait le plus, pour épater les concurrents du genre, siégeant dans les autres rues.

Ce père de famille que peu de choses gênaient, se déguisait en femme, habillé d'une robe et enveloppé d'un voile blanc, le haïk, qui ne pouvait dissimuler sa grande taille, descendait les rues une à une en criant des youyous à tout va drainant derrière lui une nuée de garçons. De temps en temps il levait tous ses habits pour montrer son derrière. De nombreuses blagues se succédaient à son compte et occupaient, assez tard une bonne partie de sa vie. Sa campagne de ravalement de façade ayant dû lui rapporter une petite richesse, lui a permis d'aller à la Mecque pour son premier pèlerinage, et dès son retour il envisageait déjà un autre pèlerinage pour l'année suivante en accompagnant des personnes plus réticentes aux longs voyages. Une nouvelle ambition vient élargir son activité. Il devient guide de Hadj et tous les ans il cumule plusieurs allers-retours aux lieux saints de l'Islam à son métier de peintre. Il était crieur, aussi, un emploi saisonnier de nuits d'été pour les événements festifs de mariages, et devient par la suite membre de l'orchestre « moderne » de Nédroma, avec très peu de chants andalous, moderne c'est beaucoup dire tout ce qui n'est pas arabo-andalous, c'est de la musique actuelle venue d'ailleurs. Le rôle de Benamar, dans le groupe, était d'annoncer les dons de dédicaces en espèces pour des chansons dédiées à tel ou tel personnage et personnes présentes ou absentes à la soirée de mariage, non sans meubler son discours d'anecdotes typiques à l'humour de ce bled. Il installe son rôle d'animateur humoriste qui devient une nécessité pour égayer les soirées de fêtes familiales, depuis quelques années et son premier pèlerinage à la Mecque. Certains des commerçants de notre rue n'étaient même pas retenus par leur âge qui allait vers le respectable, pour vaquer à la plaisanterie, abandonnant leur boutique à l'attente des clients. Il était d'une fratrie de trois garçons fils d'une accoucheuse qui a dû aider le quart des nouveaux nés de Nédroma à venir au monde. Ses deux autres frères, son ainé Si Ahmed Benaîssa un professeur linguiste émérite que le pouvoir coloniale et militaire français avait bâillonné en le jetant en prison après qu'il ait enseigné à Mazouna, une autre petite ville précoloniale de savoir comme Nédroma, et son cadet Abderrezzak aussi professeur à sidi Bel Abbes, Comme Boucetta Ghernati à l'âge d'être grand père, avec ses enfants, déjà adultes, s'amusait à électrifier le zinc de son comptoir pour provoquer quelques décharges électriques, sur des turbans naïfs qui s'appuyaient dessus. Le fournisseur spécialisé en tout pour la femme et ses apparats, des tissus aux marques étranges et bien françaises des fois difficiles à prononcer d'où des appellations adaptées au langage du pays comme par exemple le Val d'Yser qui devient *valisère* et de nombreuses fournitures en mercerie et passementerie. Il a légué de son vivant le goût des farces en public à ses enfants, c'est-à-dire quant à vous faire une blague dont on apprécie ou pas l'impact, c'était au vu de tous ceux qui passent, pour mettre au su, ceux qui n'étaient pas présents passant par la loupe grossissante de la médisance gratuite. L'un d'eux Sidi Mohammed qui était mon camarade de banc d'école faisait encore plus fort, en allant avec sa bande au hammam d'en face de son magasin et sa maison, mettre à l'essai ses inventions. Son jeu, entre autres, était d'agrafer les vêtements qui étaient suspendus aux porte-manteaux dans la salle où se déshabillaient les hommes qui venaient aux ablutions, ou se laver.

D'une agrafeuse de bureau, il pinçait les manches des vestes et chemises ainsi que les pantalons. Une fois sortis des salles d'eau les clients, après un repos, allongés, en tentant de se rhabiller, n'arrivaient plus à enfiler leurs vêtements et finissaient des fois par les déchirer sans comprendre ce qui leur arrivait. Pour ceux qui ont déchiré leurs habits pour la cause de ces mauvais jeux les insanités ne pouvaient être retenues dans le chapelet d'insultes envers ces terribles chenapans.

Le deuxième peintre, c'était un cousin de ma mère, Mustapha, plutôt sérieux et discret, sage et humble décorateur. Fils d'un musicien en musique andalouse qui excellait dans le *jawak awada* flûte, instrument court en roseau, et poète chansonnier Ba Dendane Maître célèbre par les pamphlets caricaturaux dans le dénigrement et la raillerie et que tous à Nédroma connaissent Ferrouj Ba Dendane ... (le coq du père Dendane...)

Pour revenir à nos fous, ils vous lancent des cailloux pour répondre aux agressions des morveux et avec une précision digne d'un classement de compétition. Après ça, l'auxiliaire médicale locale après un petit badigeon de pommade MetaTitane, emballée dans des boites en bois, comme celle du camembert mais plus petite renvoie les cibles touchées à leurs souffrances étouffées par des gémissements internes et quelques fois des pansements honteux et plutôt sujets à rires quel qu'en soit la gravité. Et aucun d'ici ne partage votre peine, au contraire, et les moqueries s'y rajoutant à chaque tournant de rue fusent de plus belle. Vous y ajoutez un accent ductile étiré dans une supplication ponctuée et chantonnant en sa terminaison. Le parler de Nédroma pourrions-nous dire un langage bien différent où chaque mot à valeur d'une phrase. Le tout enveloppé d'un dialecte local qui trouverait ses liens dans les racines lointaines de l'Andalousie musulmane, arabe, berbère, et hispanique dont les habitants de cette cité ont tiré leurs souches, et où le mot français s'y était rajouté en pigment décliné dans cette cuisine linguistique. Ce qui a fait l'une de ses curiosités et fait aussi qu'on s'intéresse à son existence dès qu'on prononce une phrase à voix haute quand on se trouve à l' « étranger » au-delà des cinquante kilomètres à l'est de la région.

Nédroma comme à son histoire, elle additionne des particularités qui éveillent un attachement à ses composantes, socioculturelles, humaines, socio-économiques, géographiques et historiques. Dans cette ville on ne peut y vivre avec détachement et pas même le moindre. L'implication est d'un naturel forcé et on ne lui reste étranger qu'un instant, pour y vivre l'éternité. C'est une ville qui ressemble à sa physionomie comme, ses rues et ses impasses, qu'on emprunte si on les connaît bien ou alors, que l'on soit accompagné. Autrement dit l'étranger s'y perd dans son orientation, comme dans ses jugements d'a priori, vous arriverez à la visiter quand vous aurez intégré les cœurs et les habitudes mais restera le problème par où trouver le commencement les gens ou les murs ?

De part et d'autre de cette cité, s'agrippant successivement les unes aux autres, des collines de terre rouge pour les premières, qui partaient des plaines, comme si elles s'échappaient de la mer et venaient se soumettre à ce bout d'Atlas Tellien d'où la mer était à vue.

De terre blanche de kaolin, diamantées de quartz, pour celles qui siègent au pied des monts des Traras comme si elles étaient princesses, héritières de cette reine. C'est de ces dernières que s'écoulaient les sources qui les arrosaient toutes.

Elles se partageaient cette eau, comme se partage la vie, aux pays de l'amour et de la rigueur.

De la base, au sommet des plus hautes, elles sont habillées et enfilées de couronnes ornées de cactus d'aloès d'agaves et de figues de barbarie. Successivement en suivant la course de l'eau, pousse une verdure, dans un style où seule la nature s'impose. Le caroubier éternel, cet arbre dont le fruit contient la graine qui a donné son poids et son nom pour mieux les valoriser, aux plus prestigieux métaux et pierres précieuses. Les deux sacrés de la scène, le figuier et l'olivier sauvage, retenaient de leurs pieds armés de griffes, les rocailles de granit qui risquent de s'ébouler.

Et les plus basses des terres qui épaulent la ville ramassaient en elles une eau purifiée.

Étant celles qui nous nourrissaient, elles étalaient à nos pieds un tapis de couleurs, d'où s'élevait un vertige de parfum et une abondance de bonté.

Notre jardin, se trouvait à mi-côte de ces enchaînements de reliefs aux pentes douces. Il se situait entre ceux en aval et ceux en amont dans le creux d'une carrière de sable blanc qui a servi à la construction, en partie, de la ville depuis des siècles. Mon grand-père, comme beaucoup d'autres propriétaires jardiniers, l'avait agencé avec beaucoup de passion, lui-même dans la continuité de ses ancêtres, raconte-t-on dans ma famille.

Ce petit paradis était divisé en deux parties. De chaque côté du ruisseau qui prenait naissance de l'une des deux sources importantes qui se trouvaient de part et d'autre de la montagne du Fillaoussene. Celle qui nous gratifiait de ses bienfaits, prenait sa naissance en hauteur des collines supérieures, sur la falaise d'une grotte dont seule la légende mesurait la profondeur. Dit-on couramment, qu'elle déboucherait au Sahara, et son entrée avait une porte qui se ferme au passage de malfaisants, genre le sésame des milles et nuits, mais la nôtre s'appelait « la pierre étrangleuse » *jyafa*

Mon imaginaire dépassait cet interdit, sans frissonner. De par ma petite taille, j'étais sûr de pouvoir glisser dans cette faille, et que ces mâchoires de roches ne pourraient m'empêcher d'aller plus loin, vers ces chemins mystérieux qui rejoignaient le désert. Ainsi j'irai à la découverte des ossements datant de plusieurs siècles. Une fois qu'on a traversé cet accès, gardien d'un secret, le retour n'était plus possible rappelle-t-on. Il y aurait des cavaliers figés par le temps, leurs squelettes, ceux de leurs chevaux ainsi que leurs scelles et sabres ont été transformés en pierre et sont encore dans un état intact, mais si on les touchait, ils tomberaient en poussière. Sidi Bouhajla, qui veut dire le Saint homme à la perdrix, était un Saint homme qui aurait donné son nom à ces espaces boisés où la végétation nourrissait aussi bien la faune sauvage que domestique. Tels les troupeaux de chèvres et un peu les humains. On y trouvait donc des arbousiers, jujubiers, des caroubiers, des chênes verts et chênes lièges nains aux glands douceâtres qu'on mangeait comme des châtaignes.

Poussaient aussi à profusion toutes les herbes aromatiques et officinales, le thym, le romarin, dont beaucoup servaient à rehausser le goût de la cuisine locale fortement appréciée dans la région. Elles étaient destinées aussi à des décoctions médicinales multiples, ayant prescripteurs et adeptes. Nous apprenions à force d'aller les chercher leurs utilités pour les besoins et les services qu'ils satisfaisaient comme *tighighet*, plante saponifère,

Les bergers qui fréquentaient ces terres montagneuses ramassaient les fruits, les branches de fenouil sauvage et les racines de palmiers nains ainsi que ses feuilles en éventail qui servaient à confectionner des balais, pour nous revendre le tout en fin de journée, en petits lots, contre une petite fortune d'enfant ou en échange de pain sec, et de son, que nos familles ont récupéré au tamisage des moutures de grains de blé et d'orge, et qui lui servaient à nourrir sa part de troupeau.

Avant d'arriver à nous, cette source, et dans un ordre ancestrale et immuable a suivi le même cheminement où pendant des siècles elle a heurté, caressé les mêmes pierres, chuté les mêmes cascades et en la suivant on trouvait son eau intelligente. Par nos jeux, de la contraindre à sortir de son creux ou dévier de ses petits méandres qu'elle avait dessinées, aidée par le temps. On croyait l'affaiblir, mais elle se reprenait, nous devançait, jusqu'à nous blesser, dans notre amour-propre. Des fois, c'est nous qui la précédions dans une course effrénée, pour juste après, nous attarder et l'attendre pour nous rejoindre, car un court instant elle nous avait manqué, et on revenait en arrière la retrouver. Elle a joué avec nous toute notre petite enfance. C'est de son eau qui, disparaît sous nos yeux quand elle a fini sa course à nos pieds que nous viennent les fraîcheurs qui nous font vivre, comme nos larmes, de joie et de souffrance.

Elle nous avait été transmise par les mêmes voies que nos habitudes, nos coutumes nos émotions et notre existence. Elle était et restera un héritage, dont l'acte était scellé d'une insistance qui n'a de valeur que la parole d'honneur, de ne jamais la laisser perdre, pour mieux la retransmettre. Immense trahison hélas, nous l'avions et abandonné et asséché son lit, elle a disparu à jamais.

Quand on était accompagné de nos parents, ils nous disaient à chaque fois :

« Goûte, tu verras comme elle est bonne. » Et on goûtait sans retenue, par jeu. On s'y rafraîchissait les membres et la tête pendant les grosses chaleurs. Mieux que nous, elle savait se distribuer d'elle- même, servait les jardins en aval en premiers et ainsi de suite jusqu'aux plus hauts comme si elle remontait le temps pour garder toutes ses forces pour son prochain voyage. La visite à chacun de nos jardins que nous rendait ce don de la nature, se faisait dans des règles respectueuses et respectées, elles étaient présentes dans toutes les heures de la semaine, de jour comme de nuit, y compris les jours de fête.

Les cultures ne souffrent pas du laisser-aller, et si elles ont soif, nous, nous aurons faim. C'est avec cette insistance toujours répétée qu'on allait volontiers irriguer notre jardin. Tout le monde y avait droit et quand on n'avait rien à arroser on laissait son tour pour que le temps en prenne possession. Chacun connaissait les limites de son territoire et les usages transmis, sans qu'aucun bornage ne soit posé bien qu'on soit au pays de Abdelmoumen El Mouahhide par qui le cadastre fût inventé

Oui, mon jardin était beau et se trouvait dans ce petit vallon creusé par cette rivière, baptisée El Oued Ejjloud par les tanneurs, qui autrefois venaient, sur cette partie de colline, sécher les peaux qu'ils avaient récupérées chez les bouchers de la ville. Mais leurs meilleures collectes étaient, quand ils passaient d'une maison à l'autre le jour de l'Aïd El Kabîr, après que chaque famille ait sacrifié son mouton. Chez moi, on gardait les peaux comme beaucoup d'autres, on les tannait en passant du henné sur le côté cuir qui devenait rouge. On les lavait, brossait, peignait et on s'en servait comme petit tapis sur lesquels on s'asseyait ou dormait, en hiver sur le côté laine, et en été coté cuir, pour sa fraîcheur.

Si un jour elle s'absente ma source des miracles, les arbres s'effeuilleront et n'auront plus de fruits et des jardins d'hier il ne restera que des pierres.

Les sages disaient :

« Ce n'est pas le désert qui avance, mais c'est nous qui reculons. » Elle a fait de mon jardin l'espace de mes rêves, en son milieu elle s'élargissait pour faire une halte et renouveler de fraîcheur une petite mare ou des tortues d'eau vivaient leur vie. Sur tout le chemin de son tracé, de part et d'autre poussait une large bande de roseaux, ou de temps en temps, comme une petite clairière, un espace tapissé de feuilles séchées m'accueillait comme un oiseau dans un nid. J'allais là, dans ces ombrages ventilés par un air frais, donner libre court à mes rêves et parfois m'endormir. Des fois, quand j'avais fini ma journée avec elle, je lui laissais quelques empreintes de mes pieds, sur ses bords de terre mouillée, ou de boue desséchée pour les retrouver plus tard moulées et rétrécies. Elle était si utile à notre vie, qu'elle l'était aussi pour notre jardin, transformé en paradis formidable. L'école de Nédroma, nous l'avait empruntée, quand personne de chez nous ne pouvait le travailler, pour en faire un atelier de jardinage et d'apiculture, avec Monsieur Balmy. Les instituteurs et certains Européens du coin y emmenaient leurs familles en promenade. On y plantait comme par le passé des légumes de toutes sortes, et des cacahuètes, des fruitiers, comme des orangers, mandariniers, amandiers et figuiers.

Les jours étaient paisibles et ressemblaient à ces fréquentes matinées d'été au bord la mer blanche. Au réveil du petit matin et en l'absence des foules bruyantes, comme une langue gourmande, les vagues avenantes revenaient continuellement, sans se lasser, lécher les rivages de sable, Comme un enfant qui n'en finit pas de savourer et à en profiter en petit égoïste. La terre se donnait en offrande avec de suaves couleurs de miel qu'est ce rivage ruisselant de reflets dorés du soleil de Méditerranée.

Les vagues se retiraient gentiment en laissant un crépitement de bulles d'air pour permettre un instant, au sable mouillé et durci, de respirer.

Parfois même, elles étaient absentes ou presque et quelque peu timides.

Cette mer reçoit éternellement toutes les lumières célestes, aussi bien solaires que lunaires pour les écouler en flots argentés ou dorés sur nos côtes du Souahlia. Son intérieur bleu foncé avait un relief mouvant qui par ses ondulations silencieuses berçait le regard, comme pour l'attirer dans un piège subtil, et l'emmener se perdre dans les éternités lointaines du bout du monde. Vers les tourbillons qui avalaient des nageurs téméraires osant s'aventurer assez loin de la côte jusqu'à ce qu'on ne voie leurs corps que de la dimension d'une âme, ou à peine un peu plus important que s'ils n'avaient jamais existé. Ces gueules de mer tapies dans les profondeurs, ont laissé s'échapper quelques-uns de ces courageux baigneurs qui ont pu raconter en héros leur victoire sur elle. Mais dit-on, plus et grâce à leur comportement de gens honnêtes et craignant Dieu que de par leur puissantes et rapides brassées. Avec la mer on n'est jamais assez fort si Dieu ne vous tient pas la main. Ces histoires étaient continuellement reprises, rallongées, embellies et redistribuées par des marins pêcheurs ou voyageurs qui avaient recueilli les rescapés.

Ces conteurs qu'ils devenaient à leur retraite, de marins et plutôt poètes, afin d'arrondir par de notables et bienvenus pécules qui manquaient à leurs bourses plates.

De leur sacoche brodée d'argent ou d'or, portée en bandoulière, ils sortaient des fois une poignée de bonbons, et les distribuaient aux quelques enfants qui complétaient le devant du cercle en échange d'un « Que Dieu te le rende » ce qui veut exprimer un profond merci à Dieu.

Pour moi ces formules de politesse, avaient aussi leurs images, celles d'une existence ressemblant à une divinité assise à côté d'une montagne de fortunes, et la redistribuant aux gens bien comme je viens de l'être.

Quelquefois je prenais sur moi de mettre ma contribution par une pièce de vingt centimes, ce qui était le prix d'un kilo de sel à l'époque. À côté de ces monnaies de toutes les valeurs trônent deux livres, dont un petit coran que le conteur prend de temps en temps dans ses mains, l'essuie avec une délicatesse appropriée, l'embrasse avant de l'ouvrir, nous lit un verset sans regarder les pages et laisse l'assistance finir la phrase et clôture le tout par une courte prière du genre « a dit la vérité », « Allah le tout puissant » répétée, en chœur par tout l'entourage humain, il embrasse encore une fois le livre avant de le déposer sur le petit coussin d'un velours chatoyant, de couleur vert paradis, entouré d'une cordelette de fil d'or torsadée et d'où pendait à chaque angle de ce carré confortable une petite houppe faite de fil soyeux et brillant. De son œil vigilant et malicieux, il savait déceler un trou dans la réponse à sa prière, il ne se gênait pas de faire la remarque à la personne distraite et la désignait en pensant, si fort, aidé de son index, que nous comprenions : Mécréant ! L'autre livre avait moins de confort, il restait à même le tapis et me faisait un peu de peine, mais j'admettais en moi-même, que ce n'était pas un coran et que c'était normal qu'il ne tienne pas la même place. L'homme barbu poivre et sel, d'une taille qui lui permettait de voir au-dessus et au-delà du cercle, se tait un instant avant d'enchaîner, en haussant le ton, comme pour réveiller l'assistance qui se laissait aller… comme vers le rêve où je me trouvais moi-même à ces moments-là. L'auditoire était attentif encore plus que jamais. Entièrement encerclé par les passionnés que nous

40

étions, le conteur nous impliquait des fois à ces séances et profitait de me faire remarquer en appréciant fortement ma générosité pour la citer en exemple à tout cet auditoire d'hommes. Ce qui me faisait plaisir d'être reconnu comme un adulte et même mieux que certains, d'après lui. Cela me rendait fortement heureux. Je ne bombais pas le torse comme on pouvait le faire à cet âge. Non pas par maturité, ou une quelconque modestie, mais par manque de moyens physiques. J'étais à cette époque-là et jusqu'à mon âge de jeune adolescent, plutôt chétif et rien de quoi pavoiser. Dans ma rue, un certain temps on m'appelait le canari. D'abord pour ma taille et mon poids plume, puis pour ma voix aiguë, et ensuite je m'amusais à imiter les chants d'opéra que j'écoutais, la tête collée à la radio. Mes prestations musicales ne plaisaient qu'à moi, mais énervaient, les oreilles de ma mère qui me jetait vite dehors, ensuite celles des autres, que je m'amusais à agacer en chantant encore plus fort dans la rue.

Quelques gros malins, adultes de surcroît, me surprenaient par-derrière me prenaient par le col ou les bretelles et me ramenait de quelques pas en arrière sans que mes pieds ne touchent le sol, à contre sens de ma direction. Ma vengeance, quand j'échappais à la surveillance de ma mère, et avec la complicité de ma sœur, de monter sur la terrasse était de les guetter avec un seau d'eau que je leur balançais des hauteurs de ma maison et les arroser copieusement. C'était ce géant de tisserand qui m'avait donné ce surnom d'oiseau. Et qu'à mon tour j'avais surnommé Sarmane « le c** », ce qui le faisait bien rire. Il était de très grande taille et aussi très costaud. Ses pas lourds donnaient l'impression d'écraser le sol, en marchant un peu penché à l'avant. Quand je le rencontrais, je me méfiais de lui, mais il ne m'impressionnait pas du tout. Quand il remontait la rue pour aller chez lui, je l'accompagnais de quelques pas en le précédant de peu avant qu'il n'arrive au niveau de ma maison et je lui montrais, avec toute ma naïveté, les petits cailloux ou des petites bestioles qu'il ne fallait pas écraser. Mais parfois il prenait son temps, s'arrêtait quelques secondes, et mettait la plante de son pied, sur le gravillon ou la fourmi que je lui avais indiqué, afin de l'épargner. De son poids meurtrier, il compressait par des va-et-vient de mouvements, en levant son talon, comme s'il pivotait sur le sol en me disant avec une terrifiante grimace :

« C'est comme ça que je te ferai si tu me jettes de l'eau de la terrasse. »

Les adultes disaient à son propos, qu'avec deux comme lui, on labourerait un champ en remontant la montagne. Cette image me faisait un peu de peine à son sujet, je me l'imaginais avec son semblable attelé à une charrue et fouetté avec beaucoup de vigueur et de cruauté par un méchant laboureur.

Le jour de l'Aïd, il n'oublia pas de me donner la pièce, ou quelques fruits quand il remontait du marché, et se faire pardonner pour juste après, reprendre ses taquineries et plaisanteries à mon égard. Mais quand j'avais été malade et hospitalisé, il demandait souvent de mes nouvelles et s'inquiétait beaucoup de mon sort. Après ma sortie d'hôpital, quand j'étais chargé de courses lourdes, il me les portait gentiment jusqu'à la porte de chez moi. Des fois même il me portait comme on porte une charge ou un sac sur son épaule.

Jusqu'à mon âge adulte quand, je le rencontrais, je continuais à l'appeler Sarmane.

Bien qu'étant assez jeune, j'étais bon nageur. J'avais fait mon apprentissage comme tous les gosses mâles de Nédroma, dans des bassins de retenues d'eau, d'irrigation dont chaque famille était en possession dans les jardins de père en fils depuis des siècles. Celui de notre jardin datait de l'époque d'Abdelmounen, roi des Almohades, mais une crue l'avait emporté, ainsi que les arbres qui étaient un peu plus bas. Avec les chaleurs, ces eaux retenues étaient plutôt tièdes et de couleur verdâtre. Ça relevait du miracle si des enfants en bas âge que nous étions ne sortaient pas malades ou atteints d'une polio. Les plus grands s'amusaient souvent à nous faire boire la tasse pour se débarrasser de nous afin d'avoir plus de place pour eux dans ces trous d'eau où flottait une mousse urticante et pleine de bactéries. Mais à notre époque, il n'y avait que des microbes qu'on combattait glorieusement armés de notre puissante ignorance. Certains propriétaires, qui ne pouvaient être là au moment des baignades puisque tout se faisait à leur insu, et en leur absence, prenaient le malin plaisir de jeter à la surface de l'eau de nombreuses feuilles de figues de barbarie et de baies rouges écrasées. Ce qui laissait s'échapper et flotter des multitudes et fines épines microscopiques qui provoquaient des piqûres sur tout le corps en restant accrochées. On y allait quand même prendre notre bain et tant pis pour la souffrance. Des fois mêmes ces jardiniers se cachaient afin de nous surprendre, après avoir ramassé nos habits et nous ramener tous alignés et nus, de son jardin jusqu'à la route qui mène à la ville pour nous exhiber comme des petits gibiers aux regards des autres enfants et adultes qui passaient par là. J'ai donc fait école de nage et de plongeons presque tous les étés pour ne pas être en reste de mes camarades de mon âge, et plus grands.

44

Chez moi on avait deux bassins de stockage d'eau propre et on pouvait se baigner dans l'un des deux avec mon cousin Mahmoud. Il était un peu plus jeune que moi. Nous étions toujours ensembles son père Si Driss était chef d'Orchestre Andalous fier et sévère dit-on, oui, c'est vrai mais il était respectable et respecté et d'une allure majestueuse. Il a été le première à écrire la musique arabo andalouse en solfège et je ne rate pas un moment pour lui rendre hommage. Mon frère Amine nous suivait partout, mais on l'abandonnait et préférait aller courir sous les chaleurs torrides des après-midis d'été pour être avec les camarades de jeu du quartier et de bien d'autres. J'ai fini, moi aussi par nager assez loin en mer jusqu'à ne plus être visible à l'œil nu, et ce, malgré la vigilance de ma mère qui, plus consciente avait toujours peur. Je tenais ces défis avec certains de mes copains pendant les vacances d'été une fois adolescent. Les vacances d'été, mes journées commençaient avec la levée du couvre-feu à six heures du matin. Avant de déjeuner une promenade forcée de deux fois trois kilomètres m'était imposée par mon oncle. Ma petite cousine qui était son premier enfant, avait été longtemps malade d'une coqueluche et je devais la prendre sur mes épaules et aller lui faire prendre l'air frais, de bon matin, jusqu'à l'extérieur de la ville. Mais comme sa toux persistait

45

assez longtemps, j'allais encore plus loin avec un panier, ramasser des jeunes feuilles de figues de barbarie qui poussaient sur l'une des plus hautes collines de Nédroma. Armé d'un gros couteau, d'un bâton taillé à son bout, en pointe et d'un panier mouillé, pour que les petites épines, presque invisibles, ne s'envolent pas et viennent s'accrocher sur moi, je montais jusqu'au pied du Fillaoussene. Des fois à mon départ du matin je traverse le quartier où je rencontre les soldats français qui se relayaient, en présentant les armes et la levée du drapeau bleu blanc rouge. Des groupes de douze, alignés un par un, se suivaient et le dernier portait une radio sur le dos. Beaucoup dormaient dans des tentes en forme de cônes, et on allait les voir avec les copains de ma rue. Quand ils nous offraient des bonbons, certains les prenaient en se faisant traiter de traîtres par les autres.

Ou alors, on leur disait qu'il y avait du cochon ou qu'ils étaient empoisonnés, comme ça on est sûr qu'ils n'en prennent pas. Moi j'étais de ceux qui ne prenaient rien ou presque.

Mais j'allais souvent regarder comment ils rangeaient leurs fusils, qu'ils mettaient debout sur les crosses deux par deux sur une très longue rangée quand les soldats sont nombreux, ou lorsqu'ils ne sont que cinq, de la même manière, mais en pyramide avec les baïonnettes vers le haut.

Quelquefois quand ils étaient de repos on allait les voir dans leurs tentes pour discuter avec eux, ils étaient jeunes, de l'âge de mes oncles et cousins. Après cette cueillette de cactus, j'arrivais chez moi, au petit-déjeuner vers neuf heures. Après avoir lavé ma cueillette, on la mettait dans un grand plat, transpercé par des bouts de roseaux, où dégoulinait une bave verdâtre qu'on mélangeait avec du sucre cristal. On fait cuire le tout un certain temps pour faire un sirop qui soigne la coqueluche ou d'autres maladies.

L'air frais de la montagne et le sirop de figues de barbarie de Nédroma sont arrivés à bout de la maladie de ma cousine, aimait à raconter mon oncle, à qui voulait le savoir.

• Moi je n'y étais pour rien…

Mais pour montrer à ma mère qu'il avait un intérêt particulier à se soucier de mon avenir, mon oncle me laissait un tas de devoirs à faire pour la fin de la journée après avoir fait les courses pour nos deux familles.

Ce qui ne me réjouissait guère. Je préférais autant aller me promener en montagne, même si c'était pendant la guerre. Des fois je me disais, que si je rencontrais des moudjahidines, je partirais avec eux. Et je reviendrais en héros avec mon père que je n'avais vu depuis des années, peut-être même lui régler des comptes. Oncle ou pas.

Les conteurs étiraient, chaque fois un peu plus leurs histoires avec des ponctuations et à n'en plus finir, afin de soumettre les nouveaux venus à l'écoute, et de les y intéresser au suspens, ce qui apportera un petit plus à leur recette. Le récit de ces feuilletons, où le courage et la témérité finissent des fois en drame, me faisait décaler mon emploi du temps quand celui du conteur lui permettait de ramasser sa quête, à chaque fois qu'ils voyaient le cercle de badauds s'élargir.

Sur les places et jours du marché de notre petite ville la savante tranquillité, était maintenue par la sagesse de ses dignitaires.

La réalité vous surprend en douceur dès que vous quittez le cercle des rêves où des enfants apprennent à construire leurs émotions.

En réalité, on finissait par se situer dans ces histoires à une époque bien lointaine, et l'attribuer à des siècles auparavant comme au temps de Sindabad le marin, pour ceux qui sont un peu plus grands, ou à l'entrée de leur adolescence. Je rentrais chez moi souvent en retard juste au seuil du couvre-feu, pour avoir traîné mes sandales, mes rêves et aussi mes angoisses pour ces gaillards qui ne rentreront plus chez eux, juste pour avoir voulu se battre contre ces monstres que sont les tigres et lions de mer et qui ont laissé en héritage leurs noms à des familles jusqu'à ce jour. Ce qui me faisait confirmer la véracité de ces contes, et à chaque fois que je rencontrais, ces personnes qui portaient bien le nom de tigre ou lion marin, Sbaa El Bahri cela me donnait l'impression de croiser un descendant de ceux qui s'étaient battus contre ces tourbillons marins qui sortaient du fond des mers. Je pensais à l'un de mes voisins, âgé alors de vingt ans, qui avait perdu le combat et la vie dans cette aventure, et qui serait dans le ventre de la terre qui bouillonne d'un feu dont la plus petite braise est de la taille d'un dromadaire géant qui lui-même avait la taille d'une colline. Cet enfer, constitué de sept coins, dont chacun contenait mille braises, me posait des problèmes d'arithmétique et de géométrie. Ce qui me prenait énormément de temps et d'observation de la plaine qui s'étalait au-delà de ma ville et qui pouvait allait aussi loin que mon esprit puisse voyager. Dans l'épais mur de ma terrasse se découpait une ouverture qui ressemble à une large meurtrière et dont le bas me servait d'appui au menton et me permettait de m'éterniser des heures durant. Je m'oubliais dans cette position à moitié confortable dès lors que mes rêveries se mettaient à planer dans le ciel de ce demi-cercle géant dont j'étais le centre du tracé, mais, trop étroit pour disposer l'enfer dont j'avais absorbé les dimensions du conteur du marché. Loin devant, la ligne subtile de l'horizon marquait la fin de la terre, et le bord de l'inquiétant précipice qui attirait perpétuellement ma curiosité et avec, mon angoissante peur de l'au-delà. De ce perchoir, un des plus hauts de la ville, et qui était aussi ma fierté, je reprenais mes calculs mentaux aidé de mes dix doigts, mes dix orteils et ma bouche. Le bout du monde me paraissait assez proche et les quelques collines qui s'y trouvaient me gênaient dans mes tracés géométriques afin de reconstituer visuellement cet enfer où se trouverait mon voisin de vingt ans, noyé l'été d'avant. Il pourrait être encore en vie, et qui sait reviendra-t-il retrouver les siens un jour ? Son plus jeune frère Abdelali Boutchice était mon camarade de jeu. Une proximité qui m'obligé à une solidarité de voisinage et c'est dieu qui nous demande de veillez sur nos voisins. J'étais donc dans le droit respect de nos croyances. Mais une question me taraudait l'esprit. Qu'avait il fait mon voisin pour y être pris dans ce piège où on vit l'éternité avant de mourir et aller au paradis ? Il était clair pour mon esprit, que seule une grosse bêtise, faite à son âge, lui avait valu cette punition mortelle, peut-être avait-il désobéi à ses parents alors que rien ne peut être aussi impardonnable. Il était grand, ouvrier forgeron aidant son père, et d'apparence très gentil, mais j'ai compris qu'à son âge, avec des copains il est allé à la mer à pieds à dix-huit kilomètres de chez nous sans le consentement de sa mère. Et, qui n'écoute pas ses parents finit toujours par le payer, nous répète-t-on fréquemment. Les jeudis, étaient à l'époque, des jours sans école et de plus, jours de marché, j'y allais forcément comme préposé naturel aux courses, une affaire d'hommes dans le pays des Almohades. Les femmes, en dehors de leur cour de maison, n'étaient que des ombres blanches rasant les murs. Mais aussi faire des courses pour moi signifiait quelques gains malhonnêtes sur les finances de ma mère et en même temps aller récupérer la suite de ces feuilletons que les conteurs se sont approprié en tant qu'auteurs et personnages ayant du vécu dans ces événements.

D'autres histoires, se tramaient un peu plus loin, celles-là par des caravaniers ayant franchi les déserts les plus arides, pour le gagne-pain de leur famille, ou l'ultime voyage de pèlerin à la Mecque. Certains d'entre eux à chaque chapitre demandaient à nous autres, badauds assujettis à leur discours, de lever les deux mains jointes vers le ciel afin de remercier Dieu, de lui avoir accordé cette bénédiction de s'être retrouvé parmi nous sain et sauf. C'était écrit qu'il vienne jusqu'à nous, pour nous faire partager son bonheur malgré les fréquentes rencontres sanglantes avec les « cavaliers de l'apocalypse » qu'il a eu à affronter à chacun de ses voyages. Mais Dieu les avait toujours accompagné et soutenu dans leur noble mission. Ça lui permettait aussi de partager avec une générosité exemplaire sa prière, qui nous permettra aussi, un jour de profiter de cet ultime récompense divine si on continuait à être bon. Tous unis enfants, adultes et vieillards, nous récitions après le conteur la même prière, pour ceux qui la savaient, à voix haute, et pour les autres comme moi qui n'étais point studieux à l'école coranique, je marmonnais juste un faire semblant en imitant le balbutiement sur les lèvres des autres, tout en ayant hâte de ramener mes deux mains jointes à mon front, puis sur mes lèvres en les embrassant en disant un très fort : « Amine In cha a Allah » en cœur avec tout le monde.

Les saisons de printemps et d'été, marquaient les périodes d'étalement de tout ce que la terre généreuse de ce pays pouvait offrir à ceux qui lui étaient fidèles. Au marché On vidait les sacs de toutes leurs couleurs brillantes, de ce qu'il y avait de nourriture, à même le sol, pour que chacun puisse se servir à loisir, de ce que ses yeux puissent porter, du tas à son panier, et avec toute la satisfaction d'avoir été récompensé, par Dieu et la nature, qu'il a créé pour nous. Les premières fèves marquaient mon anniversaire en fin d'avril, et ma mère ne manquait jamais l'occasion de me le rappeler, elle qui était illettrée et ne connaissait ni les jours ni les mois de l'année autre que par les événements calendaires ou les produits que nous restituait la terre. Les marchés ressemblaient à la ville en forme et en voix. Les couleurs et les appels des marchands n'étaient là que pour le semblant de vie, et son décor. Les acheteurs n'écoutaient que leur instinct pour s'agenouiller et ramasser ce qu'ils croyaient être leur dû. En échange, ils laissaient une récompense en vrac à même le sol sous forme de pièces de monnaie sonnantes. Celui qui a généreusement donné de sa personne et de sa peine à les cueillir et les transporter jusqu'aux pieds de nous autres citadins viennent souvent de loin et méritent notre gentillesse et notre reconnaissance. Toute cette vie, tantôt bruyante, tantôt silencieuse, était la réalité vivante de ce pays, dont nous autres, ses habitants, n'étions que les prétextes pour lui donner ce qu'il nous rendait aussitôt, comme un couple qui se tient dans une étreinte éternelle. En haut se dressait majestueusement et sans mépris ni complexe un torse de montagne dénudée. Épaulée à chacun de ses côtés d'une colline qui se dressant comme deux seins bon nourriciers, laissaient s'écouler une source d'eau limpide et fraîche. Ces sources arrosaient de part et d'autre de la ville, et dans leur sillage, les jardins en terrasses qui ont émerveillé durant toute son histoire, géographes, historiens ainsi que nous-même. Cette image vue des hauteurs célestes doit émerveiller la puissance créatrice et la rend fière de son œuvre. Cette terre bénie ne ressemble à aucun autre coin de la planète. Une émotion pleurant de bonheur à la naissance de chacun des enfants de ce coin du monde nous envahissait, et ils ont été nombreux et jusqu'à ce jour ceux qui ont peuplé les résidences des pouvoirs et du savoir jusqu'aux contrées lointaines sur d'autres continents. Où qu'ils soient, où qu'ils se trouvent quand ils regardent un atlas, leur premier regard se jette d'instinct sur ce point minuscule qui souvent ne s'y trouve pas. Ils ressentent un regret discret et plein de pudeur, il est peut-être petit pour les ignorants du reste du monde, mais assez grand dans leur cœur pour leur donner sujet à des survols nostalgiques. Pour un instant il les fera revenir au pays de leur naissance, des jeux de leur enfance et de leur jeunesse. Chacune de ces sources, portant le nom d'un saint homme ayant son vécu et son histoire

54

dans cette cité, était respectée pour ce qu'elle apportait de bienfait à la ville et ses habitants. Le Fillaoussene nous rappelaient à nous, ses enfants, que sa présence était une veille éternelle, sur ceux qui sont à son pied. Pour tous cette montagne était une mère et nous ses filles et ses fils dans cette contrée comme dans beaucoup d'autre dans le monde un baise-pied n'est dû qu'à une mère.

J'imaginais ce jour ou la terre fût bâtie et que nulle vie humaine ne vienne perturber l'écoulement du temps. Je montais sur l'endroit le plus haut de la terrasse de ma maison, sans connaître les risques, pour rester seul et sans que personne ne le sache.

Je fermais les yeux et pensais que l'humanité n'ait jamais existé, pas même moi. Mon imagination refaisait le monde sans vie humaine, et une paix totale s'installait dans mon esprit pour l'accompagner dans un sommeil paisible, jusqu'à mon réveil par des appels pleins d'inquiétude, venant de ma mère. Je revenais à une autre vie ou l'infini prenait fin à mon grand désespoir. J'ai dû manquer un instant à la surveillance de mes proches. Sur les hauteurs de mes refuges secrets, j'étais plus près du ciel et le vent un peu plus sain et plus fort me donnait l'impression de me purifier de tout ce qui s'était posé sur moi y compris les regards, même de ceux qui m'aimaient. Derrière le Fillaoussene, c'était l'inconnu qui gisait dans un vide profond et pas si terrifiant que ça, qui plus je le scrutais, plus je diminuais de taille. En me regardant, un tout petit point minuscule et imperceptible me poussait du bord vers l'arrière pour m'éviter la chute vers la profondeur où la couleur n'existe pas. Dans cet infini où je n'étais qu'un indiscret imperceptible, je me personnifiais par une vision qui n'avait pas de sens, puisque ma présence n'était effective qu'aux yeux des autres qui eux-mêmes n'existaient pas. Personne non plus ne pourrait venir à mon secours puisque j'étais la seule présence, si j'avais été. Un point c'est tout. Mon réveil ne me ramena même pas à la réalité et depuis je fus souvent absent, en imaginant qu'il se pourrait qu'un jour la réalité se présentera comme une vérité longtemps absente et qui redonnera à son retour des justifications sur la création. J'ai été sceptique sur ses origines. De ce côté-là après cette montagne, il n'y avait pas d'horizon, c'était à l'opposé de la mer, qui ne faisait qu'un petit pouce de largeur d'après mes observations. En face de moi vers le sud le ciel évitait la montagne en passant par-dessus comme pour la mettre à l'abri en la confinant sous son voile bleu. J'en avais la preuve, les nuages eux-mêmes, aidaient le ciel dans sa tâche de protection de cette partie de l'Atlas Tellien. Et des fois ces nuages avaient des formes qui ressemblaient à des vies.

Un feu de maquis avait pris au dépourvu les habitants du haut de la ville et la crainte commençait à s'emparer des plus proches quartiers sud. Les secours qui n'existaient pas n'auraient rien pu faire contre cet enfer qui dévorait devant nous, notre puissante gardienne, et du coup nous nous sentions tous vulnérables et aussi petits que ce point qui m'éloignait des abîmes dans mon sommeil sur les terrasses. Les gens pleuraient et se rapprochaient les uns des autres malgré les chaleurs étouffantes de l'été. A mon avis la terre allait basculer vers le vide, une fois que tout aura brûlé. J'attendais ça avec angoisse et curiosité. Je ne faisais que traduire à ma façon ce que j'apprenais des commentaires des adultes. Cette inquiétude collective faisait dire à tous ces gens que des mains criminelles ou de charbonniers avaient enflammé ce coin de paradis qui nous protégeait dans ses bras. Je tentais d'apporter innocemment, du moins à mes proches, sans peur du ridicule, qui n'existait pas encore à mon âge, les corrections à ces fausses accusations. Je prenais d'abord la défense de ces bergers et vendeurs clandestins de charbon, en précisant que ces flammes sont bel et bien sorties des entrailles de la terre, et que les tourbillons de la mer qui avalaient les pêcheurs et les nageurs disparus n'arrivaient pas à éteindre. De l'autre côté, il y aura sûrement des conséquences et je pensais à la nuit, dans mon sommeil ce qu'il allait advenir de nous. Je n'avais pas peur de la mort puisque je n'allais pas mourir en disparaissant dans le vide. La solitude que j'allais rencontrer une fois dans les abîmes me rendait un peu triste, dans ce monde futur où j'allais voyager seul. Le point noir que j'étais, se perdrait dans le néant et disparaîtrait dans une sorte d'absolu. Là où la conscience créatrice développe petit à petit une âme génératrice d'une divinité qui se trouverait naissante en moi. Je venais pour la première fois de découvrir ma résurrection après ma mort qui n'en était pas une. Et Dieu vient de naître. En soi, on le reconnaîtrait par l'attitude de soumission des autres envers leur suprême. Dans ces pensées où je me réfugiais, je ne constatais aucune révolution dans les habitudes de croyance alors que Dieu le tout-puissant était là à rappeler par des preuves et des épreuves qu'on appelle des miracles, sa présence immatérielle à tous les humains. Serais-je devenu Dieu, en croyant que j'étais l'être et le créateur. Ces rêves me venaient de ces entendus qui me parvenaient des adultes, qui ne cessaient de parler de la mort.

Une fois qu'elle est là, notre âme invisible donc pour moi imperceptible, se sépare de nous pour aller vers ces abîmes. Le corps de son côté ira à la terre se transformer en poussière qui traînée vers la mer, ira s'engloutir pour aller à la rencontre de ce point noir et refaire une autre vie. En pleine canicule estivale, dans les jours qui suivirent, une forme ovale d'un vert turquoise et entourée de toutes les couleurs de l'arc-en-ciel, s'élevait de derrière le Fillaoussene.

C'était un étendard ou une flamme immobile pour annoncer un signe. Un événement céleste adressé aux habitants de cette terre montagneuse. Leur sagesse a su garder une présence de croyance nécessaire, à leur équilibre moral. Tous les regards lui étaient orientés comme pour un enchantement inhabituel.

Ce qui faisait que la plupart des habitants de la ville, et particulièrement les femmes et les enfants qui étaient sur les terrasses de leur maison à attendre la réaction qui s'en suivrait et leur envoyer le message attendu en vain. Les adultes qui n'avaient rien compris, concluaient que des événements les amener à faire de lourds sacrifices en vies humaines, matériels et autres. L'exode de certains avait déjà eu lieu, et deviner le reste n'était certes pas difficile. Déjà quelques faits marquaient le début de ce qui allait devenir la guerre d'Algérie et cette région allait engager ses enfants et ses terres pour un autre destin.

Enfin, si j'arrivais, je serais essoufflé par une longue attente, comme un étouffement dû à un manque d'air frais au milieu d'une tempête de vent de sable, qu'on appelle le Guebli, le vent d'Est. Comme un ciel saharien qui commence à pâlir paradoxalement pour rendre l'existence plus supportable, à la présence de la vie. Et, comme vaincues mais tenaces, toutes ces tempêtes désarment pour revenir plus tard, assoiffer un désert sec et à bout de souffle. C'est ainsi que je guette la vie, depuis ma plus fragile enfance, où dans l'évaporation du temps qui passait, je tentais de comprendre dans les quelques bribes d'existence de mon enfance, qui s'accrochaient à ma mémoire. Comme ces plumes en duvets que les vents détachaient des acacias dénudés et aux griffes agressives. Plus tard, mais toujours et encore enfant, je tentais de résumer, ces contes de nuits où les hivers étaient presque éternels, parce que les nuits longues, servaient juste à me créer des rêves sur mesure, pour des lendemains qui ne ressemblaient en rien à ce que je voudrais qui se produise. Enfant je voulais être la petite victime innocente, comme ces personnages, orphelins et brimés, mais dont l'avenir se chargera de les soustraire aux maux de la vie pour les récompenser de leur patience. J'étais adepte d'une multitude de croyances, mais plus de celles que je me créais, que celles qui m'étaient dûment imposées. Mais je n'osais expirer ou répéter ce dont je rêvais dans ce profond refuge qu'était ma mémoire. Ne m'aurait-on pas pris pour un jeune fou ou un enfant immature, si j'avais osé parler de mes rêves ?

61

De ce temps quel enfant parlait-il de ses secrets.

De mon enfance, il n'existait pas de père sans qu'il ne soit considéré comme un intrus, tous mes copains avaient leur père, mais pour moi ils ne méritaient aucune reconnaissance, humaine, autre qu'une présence sociale, peut-être même pas. Les pères de mes copains étaient juste des hommes, amants de leur femme, et sont tous plus ou moins bien. Aucun d'entre eux n'aurait le moindre mérite de considération, comme l'avait ma mère. Je la voyais comme l'unique, avant Dieu, elle était aussi mon père, et toute mon existence, et dans l'héroïsme des personnages de ces contes d'hiver, je voulais tout être, ou tout subir, sauf être orphelin de mère. Quand je faisais les courses pour nous, ou pour quelqu'un d'autre, où l'on ne me reconnaissait pas et où on me demandait le nom de mon père, je répondais que j'étais le fils de la fille de mon grand-père, connu et respecté comme notable de la ville. Dans cet espace vital, le temps n'était marqué que par le lever et le coucher du soleil, et dans ce pays, rares sont les jours sans soleil. En son absence, comme certaines journées d'hiver, le couvre-feu relayait le temps et en réglait les habitudes. Pire, il en dictait et régissait nos fonctions, celles du jour et celles de la nuit. Il mettait la ponctuation mortelle à son non-respect. Dans l'innocence de notre enfance, l'ignorance accompagne tous les jours nos pas et nos actes que l'on relate comme héroïques et que personne, en dehors de vos témoins, ne prend pour argent comptant. C'est ainsi que des histoires vraies passent pour être des mensonges et des intrusions de fabulateurs. Dans certains cas, même, on vous oblige à détourner la vérité, pour préserver votre vie ou celle des autres. Et cette façon d'éteindre les lumières pour ne pas être vu, vous empêche aussi de voir les autres.

Comme celles, où j'ai été le témoin oculaire, et d'étroite proximité d'une tentative d'assassinat d'un homme plutôt vieux ou entre les deux âges. Il s'était écroulé à mes pieds, de deux balles ou trois dans le corps, j'ai été en quelque sorte son sauveur, pour avoir empêché le tireur embusqué de l'achever, parce qu'avec mon petit frère Amine, nous lui faisions obstacle sans le vouloir bien sûr. Je remercierai toujours et encore ce jeune tireur qui nous avait épargné, malgré l'impératif de sa mission et son très jeune âge, c'était qu'il nous connaissait, nous le connaissions aussi pour être notre voisin le plus proche d'une famille Semmoud Kadri pauvre en moyens mais d'une richesse exemplaire en tout. Abdelali est mort quelques jours après, à quatre heures du matin. Cette nuit-là, parce que nous le savions, par sa mère, nous n'avions pas dormi. Les cinq rafales qui leur étaient destinées étaient séparées par des intervalles de quelques instants chacune, à quatre heures du matin. Ils ont été torturés pendant plusieurs jours, les cinq copains d'école du même âge, par l'armée française à Nédroma. Abdel-ali Kadri avait 19 ans et avait été dénoncé par une femme plus ignorante que zélée. Lors d'une autre tentative d'attentat ratée, comme la première, il a eu à dénoncer ses camarades de classe de troisième du collège de Nédroma. Ils avaient tous à peine dix-sept à dix-neuf ans et dans le groupe de cinq il y avait trois jeunes frères Hireche, Zerhouni Ils étaient cinq, fusillés et enterrés debout dans les trous qu'ils avaient creusés eux-mêmes. Avec son frère Sidi Mohammed, quelques jours après, nous avons, tous les deux, pris la décision, et sans avertir nos parents d'aller jusqu'à cet endroit situé à six kilomètres de la ville pour voir où se trouveraient leurs tombes. Sur un talus pentu, de terre rouge latéritique, cuite et assoiffée par le soleil mais boueuse à sa surface, se trouvaient cinq trous qui se côtoyaient, creusés fraîchement à taille de leurs occupants disparus, mais vides. Un paysan qui passait par là et qui était du douar d'à-côté avait tenté de nous réprimander, mais s'était vite repris, pour nous préciser qu'il avait avec son frère et son père, enterré convenablement sur un endroit plus plat au bord

64

du petit ruisseau et à l'ombre de quelques roseaux. Après leur exécution de fortes pluies printanières de cette fin de mois d'avril, avaient lessivé la surface du sol qui recouvrait leurs corps et laissé apparaître une partie de leur visages abîmés et tuméfiés. Le second endroit leur était plus convenable, si on peut approprier ce mot à leur posture. En voulant nous apporter un soulagement, le paysan nous disait que c'était mieux pour eux qu'ils creusent un trou sur un talus que sur le sol plat dans l'état où les cinq collégiens se trouvaient avant d'être abattus. En transférant les corps à peine recouverts, le paysan et sa famille avaient remarqué qu'ils n'avaient plus les chaussures et leurs pieds laissaient apparaître les énormes traces de torture. La mère de mon copain était déjà venue sur la première tombe avec les mères des autres garçons fusillés, mais n'avait pas entendu raconter les détails que nous venons d'écouter. Le monsieur d'une vingtaine d'années nous rappela que nous n'étions pas conscients de la gravité de notre démarche encore une fois. Il nous raccompagna à moitié route, du "Chemin Rouge", connu sous ce nom, et qui menait au *douar* Stor jusqu'à la route goudronnée de Ghazaouet autrefois Nemours et nous recommanda finalement de ne plus revenir. Leurs corps ont encore été transférés une deuxième fois au cimetière des *Chouhadas* (martyrs de la révolution algérienne) de Henaya l'ancienne Eugène Etienne à côté de Tlemcen où reposent cinq milles victimes de la répression militaire et coloniale de 1954 à 1962. Aujourd'hui abandonné à l'oubli et à l'ingratitude à cinquante kilomètres de Nédroma, ce cimetière comptabilise dans une moindre part l'implication combative de nos proches. Ma mère m'avait dicté et inculqué ce jour-là, du premier attentat, le comportement à adopter en cas de pareilles circonstances. J'ai très peu de fois parler de cet événement, et rarement ou jamais donné les détails. J'avais laissé les adultes en faire leur affaire. J'étais âgé alors de huit ans. Quelques minutes à peine, et les consignes que j'avais reçues étaient enfermées à jamais dans mon esprit. Sa mère, sachant d'où venait le coup avait été de suite voir si le blessé était mortellement touché ou pas avant l'arrivée des soldats français et m'avait trouvé debout devant le corps. Son inquiétude était si profonde, que je l'avais ressenti comme une douleur. Elle m'avait demandé si j'avais vu quelque chose, ou quelqu'un. Et à cette question je n'avais jamais répondu à personne, à ce jour. Les policiers en civils et les militaires du deuxième bureau étaient déjà là. Ils ont sorti ma mère, une voisine qui était aussi sa cousine et deux autres voisins qu'ils ont alignés contre le mur pour les fusiller sous nos yeux, s'ils ne trouvaient pas le tireur terroriste. L'école aussi ponctuait nos âges mais entraver certaines de nos libertés. Ma vie d'enfant venait d'être marquée par cet événement et je rentrais dans un âge de réflexion post-enfantin avec tout ce que cela impliquait, mensonges et prise en compte des réalités du moment. C'était la période de la guerre d'Algérie, j'avais dix ans, je commençais à en être l'acteur, et j'acceptais de penser à mon père que je croyais avoir laissé en France après notre retour en Algérie en 1954, mais il était tout près à soixante kilomètres de chez nous me disait-on, mais les grands n'en parlaient que discrètement ou en mon absence afin de ne pas s'attirer des malédictions de la France et de son armée comme on disait. Mon père Messaliste n'était connu que sous le nom de El-Watani, le « nationaliste. » Avant les premières rafles de l'armée française nous avions ramassé toutes ses affaires, armes et bagages, jumelles pour les donner à une liaison de l'ALN et avons déchiré tous les livres et documents que nous avions brulés feuille par feuille dans un seau métallique dans les toilettes.

Les dernières images ou souvenirs que je gardais de mon père et de ce séjour en France étaient sombres et avaient comme un relief de violences. J'assistais souvent mais impuissant, aux comportement taiseux et on ne peut plus secret de cet homme qui après coup voulait se racheter à mes yeux en m'offrant

67

quelques bises que je me refusais de lui rendre en me détournant de lui. Il comprenait peut-être qu'à cet âge, cinq ans, son fils commençait à se construire une citadelle comme refuge entouré d'une muraille de haine. La haine j'adorais ça, une véritable construction architecturale où j'étais le maître d'œuvre, le bâtisseur, et en même temps le jouisseur des lieux. J'étais ponctuel, et tous les jours je me présentais seul dans une intimité des plus sombres à parachever, aménager les moindres recoins. Pour être sûr de ne laisser place à aucune lacune quand il s'agira d'introduire mes « invités » à regretter leur existence par devant le maître tout puissant que j'étais et eux les tout petits qu'il deviendront. Une fois passé devant ce jugement j'en aurai la charge et les applications des sentences. La mort, ce grand mot que nul être humain n'ai pu s'empêcher de prononcer, pour moi n'avait aucune résonance particulière, je la souhaitais à beaucoup de personnes y compris certains membres de ma famille. Elle me permettrait de continuer mon chemin vital sans empêchement d'aucune sorte. Pour les autres ma puissance me donnerait les moyens matériels de construire un exil bétonné dans les entrailles de la terre aussi immense que le demanderaient mes besoins en la circonstance, et sous lequel pouvait contenir le monde des vieux, et pour moi en ce moment, on était vieux à quarante ans, j'avais suffisamment planifié cette structure pour avoir imaginé l'ouverture de quelques trappes pour le passage de la nourriture et de l'air. Ce n'était pour ma part ni du cynisme ni de la cruauté, mais de la haine pour les personnes plus âgées. Sous la couverture de mon lit, mon imagination, si sordide paraît-elle, continuait bon train comme un feuilleton chaque nuit. Une période même pour échapper aux châtiments gratuits de mon oncle, je me suis inventé une maladie du sommeil et j'allais au lit plutôt et sans souper pour préserver mon temps un peu plus long, j'avais alors adopté naturellement un cycle horaire ou j'étais pris de sommeil au coucher du soleil pour me réveiller au milieu de la nuit et continuer mes rêves et mes règlements de comptes. Il n'y avait pas de nuits ou presque que je n'ai souhaité qu'un attentat, ou la mort d'un membre de ma famille, oncle tante etc. viennent perturber les rythmes de ma vie, ou j'aurais été en ce moment, laissé libre de ma pensée pendant que les autres s'occuperaient de leurs lamentations sur la perte d'un proche. Il y en avait tellement des proches dans cette famille, que quelques manquants n'auraient pas fait défaut, au moins les plus désagréables à mon sens. En cette période on vivait un rythme houleux, les enfants vivaient libres le jour, sous l'œil vigilant ou insouciant des parents et la nuit claustrés dans sa maison à l'attente d'une fouille, rafle, ou arrestation d'un membre de la famille ou d'un ou d'une voisine. J'espérais une descente chez moi, nocturne pour mon oncle qui n'était nullement un héros, je dirais même que c'était un peureux, et je n'emploierais pas le mot lâche pour ne pas jeter un discrédit et déshonneur sur la famille, de par son comportement, ce n'était pas un traître ni en quoi que ce soit dans ce sens, mais cet homme sous la torture on n'en ferait pas un héros, il aurait été arrêté et maltraité, c'est moi qui aurais pris une place importante auprès de mes copains de classe et de rue. Ça se passait comme ça. En même temps j'aurais été débarrassé pour quelques temps ou pour toujours, mais il était toujours là à me faire subir sa tutelle à coups de ceinturons. En le haïssant, j'ai appris à haïr l'école, mes cousins, qui étaient à l'abri chez leur mère et qu'en aucun cas mon oncle ne se permettrait de corriger. Les maîtres, les enfants qui travaillaient bien, les bons élèves qu'on me donnait comme exemple, et tout ce qui avait rapport avec la réussite étaient pour moi, autres que des gens que j'aimerai approcher. Moi en tous les cas je n'étais jaloux de personne ni envieux et je continuais à vivre ma deuxième vie en solitaire. Qu'il arrive quoique ce soit, ça rentrait dans le cadre de mes espérances, les plus violentes, les évènements qui surgissaient arrivaient à point pour agencer mon emploi du temps rêvé.

Ce jour du 12 août 1957 je venais de marquer en noir comme tous les habitants de ma ville ce qui fût pour nous une journée, tristement historique, pendant les périodes de vacances scolaires d'été, beaucoup d'enfants écoliers de mon âge et particulièrement les garçons, sont envoyés en cours de soutien et de rattrapage, chez des étudiants qui dispensaient leurs connaissances dans des locaux libres en ce temps-là. Ma mère qui travaillait durement à nous gagner la vie, comme couturière et formatrice de jeunes filles dans la broderie et la couture arrivait, avec ses revenus, à être mieux nantie que certains hommes tels que mes oncles cordonnier ou coiffeur. Elle tenait à nous garder dans l'échelle sociale d'où elle était sortie et au prix d'un sacrifice que je ne pouvais mesurer, ce qui importait le plus pour moi, c'était que mes exigences matérielles soient satisfaites au mieux et au plus vite. Étant moi-même le coursier de la maison, chez nous seul un homme avait la charge de cette tâche, et sans en faire état et me prétendre comme tel j'étais tout naturellement un homme, de petite taille peut-être, mais un homme quand même. Alors j'assumais mon rôle.

Les cours, j'en ai toujours fait, et en tout temps, et je pense que c'était les cours que je détestais pendant les classes normales qui me rattrapaient en périodes de vacances... ça aussi je l'assumais, ma mère était illettrée, sa scolarité aurait duré quatre jours, et son père sur quelques conseils l'avait remise aux tâches ménagères familiales comme tout homme qui se respectait. La vie était ainsi à Nédroma dans tous les foyers ou presque, et dire qu'un de mes aïeux Si Mohammed Ben Rahal grand-oncle de ma grand-mère était celui qui a créé la première école publique française de filles arabes en Algérie à l'époque de napoléon III. Devançant Jules Ferry de deux ans. Ou comment le colonisé donne une leçon au colonisateur. Le premier bachelier algérien et grand rhéteur dont le père SI Hamza mon arrière-arrière-grand-père était l'ami de l'Emir Abdelkader, n'étonnait personne pour toutes ses actions à défendre notre histoire pendant cette nuit coloniale.

La famille de mon père est de descendance noble des Idrissides Chorfa de Tlemcen, un apport de berbères Zenata des Bani Abd El Wad venus des confins du Sahara à la frontière libyenne et des Aures dans la région de Bordj Azzouz, Tolga et Biskra lors des conquêtes musulmanes de l'Andalousie du Maghreb occidental, aujourdh'ui le Maroc et le Maghreb central, l'ancienne Numidie qu'est aujourd'hui l'Algérie. Notre ancêtre Abdelwad était descendant d'El Quacim et l'ancêtre de la dynastie des Zianides du royaume de Tlemcen jusqu'à leur disparition violente à l'arrivée des Turcs et la conquête par l'empire ottoman. Une partie des descendants de mes ancêtres ont fui vers les terres de leurs origines lointaines des Aures et de Biskra, ou dans le sud saharien se mettant à l'abri dans les Ksours qu'ils avaient construit dans les régions du Touat, du Gourara et dans les régions de Chellala, Ouargla et un peu partout sur les hautes plaines entre le Sahara et le Tell de l'Algérie, le Maroc et la Tunisie.

Quand ma mère me répétait les noms de tribus de mes origines, cela sonnait mal à mes oreilles. D'entendre des noms venant d'un lointain que je ne pouvais mesurer ou imaginer me faisait perdre dans des contrées désertiques à des milliers de lieux de Nédroma où je n'y suis même pas né. Les liens avec Nédroma étaient scellés à la base et la splendide et lumineuse par ses arts, son histoire et ses manières de vivre, Tlemcen même où se trouve ma famille paternelle ne m'attirait pas plus. J'allais passer quelques courtes vacances scolaires chez mes tantes et oncles avec lesquels mes affinités et liens paraissaient fragiles et superficiels.

Ma mère avait la noble charge de nous élever dans la dignité, la droiture, le respect des autres et de soi-même sans qu'elle ait à tendre la main, elle était généreuse et attentive, elle savait partager et je ne l'ai vue que rarement pleurer, je lui jetais un regard discret et pudique et encaissais cette souffrance comme une blessure, elle restait toujours digne et je pensais qu'elle pleurait énormément en son fort intérieure. Elle nous disait en s'adressant particulièrement à moi, pour les filles ce n'était pas très important, elles n'avaient pas besoin d'être savantes, et mon frère plus jeune que moi de six ans n'était pas encore prêt, que l'illettrisme qu'elle subissait équivalait pour elle la cécité au pays des lumières et sourde au pays de la gaîté, ce refrain à force d'être dit et redit, je m'amusais souvent à le finir à sa place, ce qui la faisait sourire.

Je n'ai pas encore en mémoire un moment où ma mère riait aux éclats, c'était une femme discrète, ordonnée et tenace dans tout ce qui était dans ses attitudes. Pendant ces vacances de 1957 mon oncle coiffeur s'était mis à nous fabriquer des petits bancs en bois au centre du patio de la maison. Il s'était équipé d'outillage et établi de menuisier, quand ça avait été son premier métier avant de se convertir comme barbier coiffeur, qui rapporte plus, en étant moins pénible, et aussi plus propre. Ces petits bancs, nous servaient, nous les hommes à nous asseoir autour d'une table basse, qu'on appelait *téfor*. Pour manger aux heures de repas et chacun de nous avait le sien et c'est comme ça que j'ai perdu l'habitude de m'asseoir en jambes croisées ou en assis-tailleur. Mon oncle coiffeur était très gentil et ne haussait jamais le ton, je savais qu'il m'aimait beaucoup et je le lui rendais pour autant. C'était un grand frère, que je n'avais jamais vu en colère. Jamais non plus je n'avais vu plus radin. Pas un sou, ça donne les mauvaises habitudes aux enfants, pour se justifier quand ma mère lui reprochait gentiment son manque de générosité. Des fois je lui demandais une pièce pour mes petites dépenses. Je lui pardonnais cette tare, il avait la générosité du cœur et jusqu'à longtemps plus tard j'avais cru que c'était mon grand frère. Il avait longtemps vécu avec nous et un peu au crochet de ma mère. La sienne ma grand-mère vivait avec son fils aîné instituteur dans un pays voisin, et se trouvaient tous réfugiés malgré eux, ce qui faisait que j'avais des cousins que je ne connaissais point mais cela ne me tracassait guère. Mes soucis si on pouvait appeler ça ainsi étaient, mais ils existaient réellement, la violence que je vivais tous les jours et je gérais continuellement mon temps en fonction de ce que je subissais En matière de mensonges, je suis devenu un expert je me pariais leurs réussites, vis à vis de quiconque, je pouvais tromper des grands des petits c'étaient mes sauf-conduits, parce que je les accompagnais de politesse, de gentillesse et je prenais l'initiative de les débiter à toutes mes cibles à la maison, l'école ou ailleurs et quand ça ne prenait pas c'était pour moi une épreuve catastrophique voir tragique. A l'école les coups étaient d'une violence inouïe et humiliante puisque les camarades en étaient les témoins forcés. Certains instituteurs étaient de véritables bourreaux, et avec eux j'avais appris à prendre des coups et m'efforcer à ne jamais pleurer, je pouvais crier mais sans verser une seule larme, je ne reconnaissais aussi jamais mes torts ce qui accentuait leur furie. A chaque fois, je continuais à les regarder droit dans les yeux et avec insistance. Ce qui faisait augmenter le nombre de coups et la violence des corrections. Je sortais des fois, même souvent, de l'école à ne plus pouvoir marcher ou tenir sur mes jambes. La triste manie de certains d'entre eux, celui qui a été mon instituteur en Ce1 pour me punir de je ne sais quoi, me faisait porter par les gaillards de la classe en position horizontale, et déchaussé, et me frappait sous la plante des pieds avec un morceau de bois qui n'était autre qu'un pied d'une chaise cassée. Je repartais chez moi sur presque deux kilomètres dans une souffrance atroce, avec des fourmillements sous mes pieds en faisant des petits pas, et la peur au ventre d'arriver à la maison sous le regard de mon oncle qui n'aurait pas à en rajouter et me punir d'avoir été puni. Ça se passait souvent comme ça.

Ce lundi 12 août 1957 était d'une chaleur torride et deuxième jour de marché de la semaine par son importance spécialement pour le bétail à Nédroma, le premier étant le jeudi. Où tout le peuple de la ville et des environs lointains est là. Son importance est reconnue jusqu'au pays voisin, le Maroc. Mon oncle qui cherchait à émigrer en France pour mieux gagner sa vie écrivait beaucoup de courrier le soir pour l'envoyer à un ami déjà installé à Paris. Il m'avait confié ce jour-là cinq ou six lettres et juste l'appoint pour les timbrer et les poster, je dévalais les rues tortueuses jusqu'à la poste, pleine à craquer de campagnards venus de leurs villages faire leurs courses à dos de mulets, d'ânes, à pieds, ou en cars et ce qui m'empêchait de prendre mon tour devant ces hauts comptoirs postaux, assailli par des adultes. Je me laissais passif entraîner par le temps, ce qui ne me déplaisait pas non plus. Jusqu'au moment où, avant dix heures à travers les barreaux de la fenêtre donnant à l'extérieure, on voyait les gens y compris les femmes et les adultes d'âges avancé courir dans tous les sens sans que l'on sache pourquoi. Cette scène ne m'était pas étrange et éveille en moi des vécus récents et fréquents. En réalité, ces mouvements de foules, à chaque fois que cela arrivait, s'expliquaient par les suites d'un attentat qui venait de se produire. Nédroma en était un des lieux frontaliers et groupement de garnisons de militaires de tous les corps, allant de la légion étrangère installée au cinéma, appartenant à Bennaï, les sinistres commandos de marine constitué de harkis volontaires dont nombreux étaient très jeunes venant de Beghaoune, l'artillerie et ses immenses batteries, les tirailleurs sénégalais, aux héliportés. L'explosion d'un pneu de voiture ou camion suffisait à semer la panique, et en quelques minutes, d'une masse de gens amassée sur une place, il ne restait pas âme qui vive. Certains farceurs qu'il y a eu à tous les moments de la vie de cette ville, s'amusaient à provoquer certains mouvements de fuites anarchiques de foules, mais ne s'en vantaient pas trop après coup. Il en est sorti de toute cette histoire l'expression très locale, que « la peur, c'est déjà la moitié du courage » Mais ce jour-là ce n'était pas une affaire banale. Encore une fois j'allais me trouver forcément le témoin d'une aventure que j'allais raconter en héros et cette fois-ci j'avais de quoi. J'avais le sens du détail d'un bon observateur et l'art de la narration pour mon âge, et donc en sortant de la poste pour fuir vers ma maison, je fus comme tous ceux qui passaient, raflé et pris en otage par des militaires de l'armée française qui nous avaient aligné sur un trottoir en face de la mairie avec des centaines de personnes déjà, dont des femmes des enfants des bébés des vieillards et des animaux, ânes mulets volailles etc. et tout ce monde sous un soleil de plomb de la mi-août et encerclé par des barbelés, pendant des heures.

Sur le trottoir d'en face, des soldats, des noirs d'origine africaine, qu'on appelait des Sénégalais, les mitraillettes à la main nous tenaient en respect sans broncher, et après cette rafle, le Rabin et quelques notables juifs étaient venus accompagnés d'un officier de l'armée pour retirer de la foule des israélites qui étaient pris par mégarde par les militaires français. Une demi-heure après, des harkis, je reconnaissais les goumiers de la SAS sont venus nous donner dans des boîtes de lait de récupération vides, une ou deux gorgées d'eau tiède puisée dans des seaux métalliques et qui avaient été exposés au soleil pendant un certain temps. Vers midi trente une détonation assourdissante dirigée du balcon de la mairie, par un officier français donne le signal aux militaires africains pour commencer le massacre de ceux qu'ils avaient en face, c'est-à-dire, nous. Je garderai cette image d'une femme qui était à mes côtés avec un bébé d'un an qu'elle avait allaité plusieurs fois avant. A la première détonation, j'ai vu la tête de ce bébé, exploser par le premier tir, je vois encore cette éclaboussure de sang et de débris d'os et de chaire projetés dans tous les sens, sur mon visage et mes vêtements. Je continuerai à voire une autre femme plus âgée et tatouée sur les poignées, le front et le menton qui au moment de la distribution d'eau tiède s'était rempli la bouche pour, abreuver son coq en lui donnant à boire dans le creux de sa main. J'ai gardé un souvenir d'elle allongée le visage ensanglanté. Beaucoup de ces gens qui étaient rassemblés avec nous étaient étalés par terre blessés, morts. Ils étaient en face de nous à moins de six ou sept mètres, armés de fusils mitrailleurs, et sur leurs poitrines des gilets contenant plusieurs chargeurs. Chacun de nous essayait de courir pour échapper à cette mort jamais vue d'aussi prêt, en courant je voyais tomber un garçon de deux ans de plus que moi, la tête penchée en arrière et la nuque tranchée par une balle, il tenait encore dans sa main gauche un cahier de classe fermé et un crayon à mine à quelques centimètres de sa main, je l'ai reconnu immédiatement, il s'appelait Fouad Kaîd. Son père Mekki était marchand de vêtements à Nédroma, propriétaire du magasin des quatre saisons ou des fois pour l'Aïd nous allions avec mes cousins choisir nos plus beaux vêtements, et sa mère Hanifa tenait une boutique de tissus et mercerie à l'intérieur de sa maison. A Nédroma, les femmes qui faisaient du commerce, le pratiquait en faisant du porte à porte ou tenaient comme la mère de Fouad un commerce chez elle. A Nédroma la traditionaliste on ne permettrait pas à une femme de tenir un commerce ayant façade sur rue et moi étant le coursier de ma mère pour la plupart de achats concernant ses besoins en couture, je connaissais bien cette famille. En enjambant tous ces corps mais sans courir, je reconnaissais beaucoup de personnes jeunes et adultes. Et un peu plus loin j'étais surpris et pris de panique de voir ma sœur que ma mère a envoyé me rechercher. Au début elle a tenté d'échanger ma liberté contre la sienne mais les soldats avaient refusé et l'ont obligé à se mettre avec nous, mais je l'avais perdu de vue pendant le début des tirs.

Elle criait assez fort pour que je l'entende, me dire de m'échapper alors qu'elle était en plein milieu de la fusillade et courait en boitant, elle venait d'être touchée par une balle à la cuisse, avec une jeune fille de son âge le bras et l'avant-bras plein de sang, qui lui coulait le long des jambes, Anissa aussi était de ma famille. Elle a été retrouvée à plusieurs centaines de mètres entre l'abattoir et le cimetière de la ville avec plusieurs balles, sérieusement blessée. C'était la première fois que je voyais des balles sortir d'une arme, quand je me suis approché d'un tireur sénégalais, j'étais à moins de cinquante centimètres de sa mitraillette qui crachait des projectiles gris, et une odeur de poudre. En m'approchant du soldat noir que je venais de dévisager, je lui avais touché le coude en m'arrêtant quelques secondes, à son côté gauche. Il avait trois balafres sur sa joue, comme beaucoup de noirs. J'étais ébahi et dans un état entre le cauchemar et la réalité mais il me laisse glisser derrière lui et un instant j'ai cru pouvoir échapper au massacre mais les clôtures de barbelé me barraient la route.

Quand j'ai vu Bénamar, le père de notre voisine Saléha, qui était vendeur d'espadrilles au marché, il tenait à la main son turban jaune défait et plein de sang qui lui coulait de la tête sur sa djellaba bleu clair fanée par le soleil, puis il s'est écroulé à côté d'un petit garçon plus jeune que moi de quatre ou cinq ans qu'une adulte appelait Bâchir en hurlant. Ce petit garçon était assis à côté de moi, et avait beaucoup pleuré, de soif, c'est comme ça que j'avais retenu son nom et son âge quand sa mère le consolait. J'avais plein de sang sur le visage et sur mes vêtements sans avoir mal. Je fuyais mais sans avoir trop peur, parce qu'en réalité, je n'entendais plus rien. Je ne comprenais rien de la situation malgré cette vision de carnage, ou alors je me trouvais dans un état second. J'avais dû à plusieurs reprises changer de direction pour fuir sans savoir où aller, ce qui ne me permettait pas de réaliser la terrible gravité de ce qui nous arrivait. Ce dont je suis sûr, c'est que j'avais énormément soif mais je courrais à perdre haleine, en enjambant des dizaines de corps ou plus dont ceux des personnes que je reconnaissais. En arpentant toutes ces rues montantes qui allaient chez moi je trouvais des gendarmes avec des armes de poing à la main au milieu de la route. J'étais inquiet mais j'ai couru dans leur direction comme si j'étais sûr qu'ils n'allaient pas me tirer dessus. L'un d'eux a tenté de me retenir, mais n'a pas insisté, voyant que j'avais peur. En rasant le mur, de l'école de filles, comme si je glissais rapidement, et debout, le temps de ne plus être à sa hauteur pour accélérer ma course et lui échapper et en heurtant violemment l'angle du crochet qui tenait la canalisation d'eau de pluie qui descendait du toit, contre le côté droit de mon front, je suis tombé, mais malgré la douleur et une blessure, je n'avais pas laissé le temps aux deux gendarmes de s'approcher de moi. Je n'entendais pas ce qu'ils me disaient, mais j'ai entendus des détonations qui partaient de leurs armes.et une fois relevé j'ai repris ma fuite. J'avais senti une confiance dans leurs attitudes en pensant qu'ils ne m'auraient pas fait de mal. Quelques années plus tard avec mon cousin et un autre enfant de notre âge nous avions été invités par la gendarmerie à passer le réveillon du jour de l'an avec eux et ils nous avaient fait boire du champagne qui nous avait un peu saoulé, et sur ça sans qu'ils ne s'aperçoivent on avait quitté la gendarmerie à une heure du matin sans penser aux risques dus au couvre-feu. Plus tard et à chaque fois que je descendais cette rue pour aller à l'école je m'approchais au plus près de ce crochet en fer qui m'avait blessé lors de ma fuite pour mesurer ma taille et voir si j'avais grandi ou pas, en prenant pour repère la pointe de ce métal qui m'avait blessé au front. Plus haut dans la rue, des femmes qui étaient à leurs portes attendaient un rare passant pour lui demander ce qui se passait avec ces interminables tirs.

J'étais un peu fier d'être le seul à leur donner des précisions sur la situation du bas de la ville, j'étais aussi le héros qui a pu s'échapper du massacre dans cette direction.

Mais quand je leur disais que les soldats français et les Sénégalais massacraient tous les gens qui étaient au marché, je laissais derrière moi des cris d'horreur, des pleurs et cela a chaque porte où on me questionnait. Car de chacune de ces maisons une ou plusieurs personnes se trouvaient au marché ce lundi 12 août comme l'appelle encore les Nédromis, l'ayant vécu ou non. La plupart d'entre elles voulaient aussi me retenir et me laver le visage en attendant que ça se calme, et qu'on vienne me chercher, mais n'insistaient pas devant mon refus, mais l'une d'elle m'avait jeté un verre d'eau au visage pour me réveiller du choc qui se lisait sur mon apparence. Je savais que ma mère était inquiète et j'ai traversé la ville sans me rendre compte mais sans rencontrer personne, tant les rues étaient désertes. J'arrivais enfin chez moi ou se trouvaient mes oncles, ma tante et une famille de réfugiés qu'on hébergeait, depuis quelques mois. Leur maison dans un village voisin à Djébala fut détruite par l'armée française, et leur père avait été un métayer de mon grand-père, et ses trois enfants adultes étaient au maquis nous leur devrions donc ça et sans le crier sur les toits car ce n'était pas dans la nature de cette ville et pratiquement tout le monde avait fait autant, c'était normal. Avec tout ce monde qui me pleurait, il manquait ma mère qui était partie à ma recherche et m'a-t-on dit qu'elle s'était blessée en tombant sur un cadre entouré de clous et qui servait à mon oncle le coiffeur à tisser des petits tapis de décoration qu'on mettait sur des tables en guise de napperons ou sur une radio TSF. Ma sœur aussi n'était pas là et que je savais blessée. Elle avait été recueillie par une famille dont le père était ancien combattant de la première guerre et infirme, amputé des deux jambes. Ils nous avaient envoyé un message d'une terrasse à l'autre. C'est ça le vrai téléphone arabe à Nédroma.

Ceci dit les hommes étaient restés à la maison et n'osaient pas aller à ma recherche, ma mère et ma sœur s'étaient sacrifiées au péril de leur vie et c'est normal. Mes oncles ? je ne leur avais jamais attribué la moindre reconnaissance héroïque et c'est normal aussi. Un long moment s'était écoulé, avant de voir venir ma sœur blessée et boiteuse, elle se réjouissait plutôt de me trouver et l'avoir devancé sain et sauf dans cette course vers la vie. Mais il restait ma mère pour apaiser l'angoisse de nous voir finir en orphelins. Ce qui m'inquiétait le plus, c'était de finir à la merci de mon tortionnaire d'oncle quand les choses se seraient apaisé et je n'aurai plus droit à une attention particulière qu'ont les orphelins que les impératifs commandements de l'islam protègent contre la maltraitance. Et punit sévèrement tout croyant, même les manques de bienveillances à leurs égards. En ce moment difficile je ne voyais que ma sœur qui me restait comme proche et elle était blessée et n'avait que douze ans, mais j'avais le très fort espoir de voir ma mère arriver et le miracle ne tarda pas à se réaliser dans la demi-heure qui suivit.

Elle était assoiffée, fatiguée et surtout blessée à son avant-bras gauche. Sa blessure était ouverte sur plus de quinze centimètres et laissait apparaître les muscles intérieurs. En courant à ma

86

recherche, elle s'était juste mis un bout de son voile blanc en le tenant de sa main droite tout en courant, elle saignait abondamment bien sûr, mais elle était heureuse de me trouver là avec ma sœur, tous deux vivants. Tout le monde s'occupait des soins de ma mère et ma sœur et il n'était pas question de mettre les pieds dehors pour quelques raisons que ce soit.

On entendait encore quelques rafales avec des pincements au cœur en pensant à chaque fois à une vie qui vient de s'éteindre, en même temps. Je racontais mon aventure sur mon arrestation jusqu'à ma fuite sans en rajouter. Je n'avais pas encore pris conscience du pourquoi de cette violence, pour moi elle était là c'est tout. Je citais les noms de toutes les personnes que j'ai vu mortes et parmi elle le père d'une voisine qui était comme nous à sa terrasse, et qui s'inquiétait pour lui, car elle le savait présent au marché, il était marchand et ne pouvait pas ne pas être là. On ne lui a pas répété ce que j'avais vu mais elle l'a su quelques heures après. Dans l'après-midi, les confirmations des morts et des blessés tombaient et je me sentais un peu fier d'avoir apporté la primeur des informations pour ma famille, en rajoutant à chaque fois « vous voyez je vous l'avais dit » mais à chaque fois pour ma mère je lui confirmais à quel point j'étais près de la mort comme l'ont été ces enfants qui allaient au cours d'école d'été pour être les meilleurs de la classe de l'année suivante ou rattraper les lacunes de l'année précédente et qui les ont fait classé en dernier ou redoubler. Ils sont morts tout simplement parce qu'ils passaient par là, ils sont morts à tout âge parce que celui qui avait onze mois était accroché au sein de mère et il était le premier à mourir de la main d'un officier supérieur de l'armée française, qui avait autorisé, supervisé et dissimulé ce massacre dû à Nédroma. Ils sont morts parce qu'un militaire français d'origine africaine, malien, sénégalais ou autre a été abattu ou par un terroriste algérien ou tout simplement par un militaire français pour une raison qu'on ne connaîtrait jamais. Pour cette raison ou pour une autre on a fait porter la responsabilité à des citoyens, d'une petite ville de l'ouest algérien, qui vivaient plutôt paisiblement.

Nédroma était une ville garnison de l'occupation militaire française avais-je dit, qui nous avait valu la visite du général Salan, un été comme les autres. Dès huit heures du matin l'armée est venue, nous ramasser tous, et il fallait laisser toute la ville et les villages vides de toute personne. On a emporté des récipients d'eau dans des cafetières ou bidons de toutes sortes pour aller attendre au stade. On était des milliers et il faisait une chaleur accablante quand le général Salan est arrivé, ce 14 juillet, tous les enfants comme moi avaient des petits drapeaux bleu, blanc rouge, le mien avec mon complice de tous les jours Benamar Fellah, nous les avions déchiré aux coutures et nous nous sommes mouchés avec, et je n'avais pas chanté la marseillaise parce que je ne la connaissais pas à part quelques mots. De toute façon j'étais éduqué dans le refus de devenir Français. De par mon père, une éducation et un apprentissage nationaliste était dans la conduite de tous les jours, nous connaissions par contre les *nachides* (hymnes algériens) interdits bien sûr.

L'après-midi, quand nous étions rentrés chez nous, j'avais été malade d'une insolation et pendant plusieurs jours.

La population de Nédroma se composait de quelques nombreuses et vieilles familles, dont la mienne, disons celle de ma mère. Je ne comprenais pas tout ce qui était lien familial entre les unes et les autres, notre famille étant une des plus importantes, elle-même divisée en groupes et en sous-groupe qu'on ne savait à mon âge repartir dans la hiérarchie. Je connaissais tous les membres qui la constituaient et les liens qui liaient les uns aux autres. Quand on m'envoyait faire une course chez un tel ou une telle je comprenais sans explication que c'était des nôtres, on me disait toujours ça, parce que je rechignais à aller courir dans des maisons où je n'avais pas de récompenses. J'ai souvent été bien reçu puisque je revenais avec quelque chose à la main, ma mère ne m'envoyais jamais chez les membres de ma famille sans que je sois lavé, peigné et gominé à la brillantine ou le *pento* plus tard, qu'on disposait à la maison en stock, mon oncle étant coiffeur. En brillantine je préférais la bleue à la jaune ça me rassurait sur sa visibilité, et surtout bien habillé. Mes vêtements étaient toujours impeccables. Mes chemises c'était ma mère qui me les faisait, et que je n'aimais pas mettre. Elles avaient la particularité de n'avoir que les trois premiers boutons à partir de la fermeture du col, et qu'il fallait les enfiler des fois tant bien que mal. À force de voir me toujours déboutonné, et la crainte de contracter des angines auxquelles j'étais sujet. Pour cette corvée journalière du matin on était obligé de se faire habiller par un membre de sa famille, et cela nous donnait cette impression, d'être encore sous la garde de ses parents, surtout pour les garçons. Mes shorts et pantalons c'était pour certains d'entre eux, mon oncle instituteur à l'étranger qui me les passait après les avoir fait et raccourcis chez son ami Omar Dif, tailleur d'abord, et fonctionnaire à la mairie plus tard après l'indépendance. J'étais souvent content et heureux de ces opérations qui me donnaient l'impression d'être dans la peau de mon oncle pour lequel j'avais beaucoup d'admiration. Je me sentais aussi grand. Les pantalons golf m'allaient très bien mais me gênaient par des démangeaisons, pour ceux qui étaient en laine, surtout les shorts qui me provoquaient des picotements à mi-cuisse en me laissant des lésions et des irritations des fois désagréables, je finissais par les abandonner malgré mes besoins de frimer pour paraître plus grand.

Les pantalons de golf m'allaient très bien mais me gênaient par des démangeaisons, pour ceux qui étaient en laine, surtout les shorts qui me provoquaient des picotements à mi-cuisse en me laissant des lésions et des irritations des fois désagréables, je finissais par les abandonner malgré mes besoins de frimer pour paraître plus grand.

C'était lui qui nous avait accompagnés en France pour rejoindre mon père lors de son exil forcé et ses nombreuses assignations à résidence après aussi ses nombreux éloignements administratifs et judiciaires, il était un inconnu pour moi, il nous avait laissé quand j'avais à peine un an et demi pour à chaque fois accompagner Messali Hadj dans ses déboires éternels en Algérie ou ailleurs comme en France. Tous les deux étaient natifs de Tlemcen. Mon père portait le pseudonyme de Habib El Watani (Habib Le Nationaliste) et peu de gens de Nédroma le connaissaient en dehors des PPA pas même moi, Il a été le compagnon du Zaïm depuis l'âge de 18 ans en 1935 date de son mariage avec ma mère. De toute façon, je ne me rappelle pas ce père-là en Algérie, jusqu'à ce que je le retrouve à Paris. Un homme d'une forte constitution au teint clair et aux yeux verts, au cheveux longs et une barbe et moustache bien fournie et impeccablement taillée sur le modèle de Messali Hadj. A notre première rencontre je ressentais une réticence, n'étant pas habitué à un donneur d'ordre, homme et d'apparence sévère.   Nous avons habité avec lui avec mes deux sœurs et ma mère dès notre arrivée.

Dans l'une des fréquentes disputes avec ma sœur cadette, et pris d'une une furieuse colère je tentais d'arracher la tête mécanique de la machine à coudre pour la lui jeter dessus. La courroie, les vis qui la tenaient au socle à pédale et la petite force de mes quatre ans m'en avaient empêché de justesse. Ma mère en même temps a crié pour me faire peur en me disant :

« Cette machine que tu veux casser, c'est ton père.
C'est elle ton père ! » J'avais compris de suite l'allusion qui n'était pas une ironie, et chaque fois

que je regardais cet engin, je pensais à cet homme qui ressemble à un mécanisme en ferraille, compliqué et avec des aiguilles qui vous transpercent les doigts si vous ne faites gaffe.

Alors mon père c'était ça ? J'avais traîné cette image avec
  d'autres, comme celle où mon oncle le
menuisier sur la terrasse de notre maison me montre droit
  devant à l'horizon et me disait :
« Vois-tu là-bas ? il y a trois arbres énormes c'est par là, qu'il
  est ton père en direction de la mer,
c'est-à-dire la France. Et à partir de là mon père ressemblait à
  un bosquet d'énormes caroubiers, celui
du centre qui formait la tête et le corps et les deux autres
  étaient ses bras sur chacun de ses côtés.

Notre voyage en France s'était préparé avec mon insouciance et j'avais quatre ans à peine, j'avais été marqué par quelques souvenirs où j'avais été faire les photos pour l'établissement de la carte de réduction SNCF. Nous avions pris un taxi pour rejoindre Oran, avec mon oncle le mari de la sœur aînée de ma mère.

La seule femme d'affaires de la famille qui a réussi pour elle et pour ses enfants surtout les deux garçons. Elle savait s'imposer devant tout le monde et en toutes circonstances, hommes ou femmes, elle considérait, à mon avis que tout interlocuteur était un adversaire qu'il fallait maîtriser. Toute rencontre avec elle était un combat perdu d'avance. Elle achetait, négociait, vendait et si elle le pouvait, en gros elle se faisait respecter. Elle ne discutait pas, elle hurlait d'emblée. Avec elle, les hommes, n'avaient pas la partie facile, pour elle, j'avais plutôt un mélange de sympathie, de crainte et de méfiance. Jusqu'au jour où j'avais appris, qu'elle et mon bourreau d'oncle, se sont partagé des biens de mon grand-père dont une partie revenait à ma mère. En échange d'une dette morale et financière que son père lui devait, pour lui avoir donné ses bijoux pour le sauver d'une faillite. Mon grand-père trop généreux n'était donc pas du tout un bon commerçant. A Oran nous avons passé la nuit dans un hôtel et je me sentais comme flotter sur des nuages. Une autre vie allait commencer pour moi, mes deux sœurs me serraient souvent contre elles et me demandaient souvent si j'étais content d'aller en France. Elles ne comprenaient pas tout à fait que je ne réalisais pas ce qui m'arrivait. Mon oncle le frère de ma mère nous accompagnera jusqu'à Paris. Son voyage avait été payé par le gouvernement Français parce qu'il était fonctionnaire instituteur dans le Sahara marocain. Un petit-déjeuner à l'hôtel nous fut servi et on était debout depuis les aurores, toute la famille était prête et j'avais mis mes sandales en cuir au dernier moment en prenant soin de mettre un peu de coton parce que les lanières en cuir me sciaient le bas des chevilles. Mes pieds, comme ceux de tous les enfants de mon âge à Nédroma, étaient habitués à la liberté d'être plus souvent nus que chaussés. Le matin tôt on était déjà au port pour l'embarquement sur « El Mansour » ce bateau m'a tout de suite plus pour le nom qu'il portait alors que je ne savais ni lire ni écrire, comme si c'était le bateau de ma mère.

Elle s'appelle encore Mansouria même après sa mort. Un être exceptionnel et si chère peut-il perdre son nom parce qu'il n'est plus là ? Son nom veut dire la Victorieuse. Ce qui est vrai. Elle le mérite encore, même si elle est partie silencieuse et dans la dignité. De son vivant, et en ma présence, je l'ai vue se battre et gagner souvent, pour nous, sans faire comme les autres qui hurlaient, tricher et arnaquer... pour s'enrichir, dans ce cas je pense aussi à certains hommes. Ce mot me gêne pour l'attribuer à un ou plusieurs de mes proches, mais je ne trouve rien qui puisse mieux leur aller. De mon enfance jusqu'à mes vingt-cinq ans elle était présente toujours à me défendre, à nous défendre, nous ses enfants. Nous avons embarqué sur ce bateau qui me paraissait immense c'était la première fois que j'en voyais un d'aussi près et d'aussi grand alors que nous habitions à dix-huit kilomètres du bord de la Méditerranée et d'un port. Sur le pont c'était une autre sensation comme si le bonheur était palpable, je n'étais pas exubérant à mon âge, j'avais comme une envie de boire la mer en la regardant, j'avais le vertige de me noyer, le bateau ne contenait plus mes sensations et le ciel devenait plus petit devant tout ce que je ressentais. Les longs mugissements du bateau à son signal de départ ont rempli ma tête et mon corps pendant de longues années jusqu'à ce jour. Ils me manquent encore, comme me manque ma mère. Quand des hommes le libéraient de ses cordes et j'entendais ses chaînes remonter péniblement j'étais là, comme si j'assistais à sa fuite vers un autre monde où je devais y aller aussi. Je regardais les gens sur le port qui levaient les mains pour nous dire adieu et qui devenaient de plus en plus petits jusqu'à ce qu'ils disparaissent dans la confusion d'une petite foule qu'on ne distingue même plus. Tenu par la main tantôt par mes sœurs tantôt par mon oncle maternel, je regardais cette mer qui nous accueillait sans cesse dans ce vertige de l'inconnu. Je pensais que j'allais vers la grandeur dans un monde futur. Sur un autre rivage plein de lumières de toutes les couleurs où il était interdit de cracher par terre. J'allais découvrir un monde où il y avait beaucoup d'enfants pour qui je serais étrange. J'avais oublié ce qui était resté derrière, ma maison, ma grand-mère, ma rue et les vestiges de sa Casbah, je ne pensais déjà plus aux copains comme si je n'en avais jamais eu. Je ne me rappelle même plus avoir vu des enfants sur ce pont de bateau. Il n'y avait que des adultes et très peu de femmes. Devant, et de chaque côté la mer nous tenait en elle. Bientôt, je réalisais qu'il n'y avait plus de monde que ce bateau et nous autres par-dessus. Je commençais à m'inquiéter des profondeurs de la mer et de l'absence de la vie autour de nous. J'avais hâte d'arriver là où on devait y aller pour trouver un homme inconnu qui sera mon père et auquel il faudra obéir alors que j'étais libre avant. Je ne pouvais pas imaginer que ma mère puisse appartenir à un homme soit-il son mari ou soit-il mon père. Je n'accepterai pas cette situation ou je verrai ma mère dans le lit d'un homme de trente-six ans et qui avait le même âge qu'elle. Beaucoup de questions commençaient à m'envahir et je m'empêchais de trouver leurs réponses. La traversée avait duré plus de deux jours et nous sommes arrivés la nuit à Marseille.

Une fois débarqués, nous avons beaucoup marché. J'avais beaucoup souffert de mes sandales neuves en cuir, ce qui m'empêchait d'avancer plus vite et retarder tout le monde afin d'aller se reposer dans un hôtel. Ma mère qui pressait le pas était obligée d'attendre après moi, accompagné de mes sœurs. Elle était habillée d'une djellaba qu'elle s'était fait confectionner chez un artisan de Nédroma et d'un voile sur le visage, brodé avec délicatesse de ses mains, comme elle savait le faire dans son métier. A un moment où je traînais les pieds de fatigue, elle s'était assise sur les marches d'un escalier et des légionnaires sont venus lui embrasser les mains en lui déposant un peu de monnaie, ils la prenaient pour un marabout. Sa tenue vestimentaire qui se voyait rarement en cette époque en France, attirait beaucoup de regards curieux, et obligeait mon oncle un peu gêné à leur expliquer la situation, qu'elle se reposait de sa fatigue et qu'on ne voulait pas d'argent, pour la suite je ne me rappelle plus ce qu'est devenu cette aumône involontaire. Une fois installés dans nos chambres, moi avec mon oncle et mes sœurs avec ma mère. Nous avions passé la nuit, et le lendemain nous avions pris le train pour Paris. Ce qui fût un long et fatigant voyage. C'était aussi la première fois que je prenais le train, tout ce que je viens de découvrir depuis mon départ de Nédroma était inconnu de mon imagination je vais pouvoir rêver dans un monde nouveau. Dans le train mes sœurs se donnaient à cœur joie et tentaient de me donner des explications sur tout ce qu'elles voyaient, alors qu'elles n'en savaient pas plus que moi, ou à peine.

De temps en temps un vendeur passait dans les allées pour vendre du café dans des gobelets métalliques et récupérer les récipients vides.

Mon oncle lisait beaucoup le journal, il était content de faire ce voyage avec nous-même si nous lui avons donné beaucoup à faire à nous traîner à des milliers de kilomètres de chez nous. Depuis petit enfant je l'ai toujours approché avec joie, j'ai souvent attendu son retour pendant les grandes vacances d'été quand il revenait du Sahara où il enseignait. Une fois à Nédroma je l'accompagnais le matin pour faire les courses au marché et j'allais lui acheter son journal. Je me rappelais avoir raconter plein de choses sur lui, et que des bonnes et je le mettais sur un piédestal au plus haut, pour que mes copains de rue n'ont pas à trouver mieux pour leurs idoles, ou parents dans leur famille, j'étais comme pour tout le reste de la famille son coursier, j'allais lui chercher des livres chez ses amis qui me connaissait bien et c'est à lui que j'ai fait mes premières découvertes de grammaire et de vocabulaire que je m'étais inventer.

Sa pédagogie était de me poser des questions sur l'appartenance du sexe de chaque objet qui pour moi selon sa prononciation était une fille, un garçon, un vieux un jeune etc.

Une cuillère c'était une jeune femme, une marmite une presque vielle femme une porte c'était une femme les masculins c'étaient, le plat le marteau etc. Ce genre de grammaire et de vocabulaire l'amusait beaucoup et en échange il m'apprenait beaucoup et plus sérieusement à compter. Le soir je lui faisais des massages en lui marchant sur le dos.

A trois et quatre ans j'étais plutôt chétif et léger. J'avais toujours été malade de la migraine et je vivais des moments difficiles à rester alité.

Ma mère a toujours eu peur de me perdre, j'étais son premier garçon qu'elle avait gardé en vie, mon cadet d'un an venait d'être tué violemment d'un coup de bâton à la tête par un jeune homme, elle avait perdu aussi un autre garçon, mon aîné, à son adolescence, deux filles plus âgées et une autre plus jeune que moi.

L'Algérie est maintenant loin et les lumières de Paris m'accueillaient dans la féerie. L'automatisme des feux verts et rouges m'impressionnait en premier et je n'arrivais pas à comprendre pourquoi aux lumières vertes les voitures roulaient et nous empêcher de traverser jusqu'à ce que les lumières rouges s'allumassent. Nous avons appelé un taxi, de ces tacots qui ont un compteur à l'extérieur à droite du capot qui nous avait déposé chez mon oncle, celui pour qui j'allais devenir le coursier attitré pour toutes les corvées et mon souffre-douleur pendant des années. J'étais heureux de le retrouver et pour ma première rencontre j'avais un message important de sa mère à lui communiquer. Avant notre départ de la maison ma grand-mère qui s'inquiétait à son sujet, parce qu'il ne lui écrivait pas souvent de lettres. Elle m'avait missionné pour l'engueuler c'est ce que j'ai fait en premier, je l'avais fait sérieusement, il avait versé quelques larmes en me serrant très fort contre lui, et je lui rajoutais que ce n'était pas grave, elle te pardonnera. J'avais réellement cru que c'était pour ce que je lui avais rapporté. Nous nous sommes mis à table pour un bon repas qu'il nous avait préparé avec ses amis dont certains étaient de la famille ou de Nédroma dont Barero un surnom un surnom qu'il portait pour je ne sais quelle raison il était le frère de Mustapha le peintre. Ce repas au cœur d'artichauts et de viande de mouton que ma mère n'avait pas goûté, nos hôtes ne pensaient plus que la viande non halal nous était interdite et se trouvaient gênés, non de n'avoir pensé à ceux qui ne mangent pas de cette viande mais d'avoir oublié leur croyance une fois qu'ils étaient loin du pays. Mon père est venu nous chercher le lendemain et le vide s'est installé dans ma tête et dans ma mémoire. Jusqu'à ce jour, je n'ai pas gardé le moindre souvenir de cette rencontre, je me rappelle tout simplement que nous avons habité un petit appartement de deux pièces cuisine au premier étage avec un balcon en bois qui donnait sur une petite cour rectangulaire. Après les lumières nocturnes de Paris, tout me paraissait sombre et triste. Nous avons lié connaissance avec les voisins qui étaient tous très gentils et serviables, notre voisin d'étage était très maigre et très grand, sa femme était normale et avait tous deux une fille de l'âge de ma sœur aînée et elles sont devenues très copines. Ma sœur Latifa était souvent exclue des copinages de ma grande sœur. Elle était turbulente et farceuse, toujours prête pour les coups tordus. Elle a laissé derrière elle beaucoup de calme et ma grand-mère allait sûrement s'ennuyer sans elle et sans nous. Ils étaient rares les jours où elle n'avait pas droit à sa punition. Avec sa copine Rahma, elles ont terrorisé toute la rue, les gens se plaignaient souvent de leurs jeux et farces de mauvais goûts, qui n'épargnaient ni les petits ni les adultes. Enfin, en France les choses allaient changer, croyait-on, elle se rendra à l'école à la rentrée prochaine et mon père présent, elle ne pourra pas jouer aux turbulences de la rue de la Casbah. Nédroma n'est que ma ville d'adoption, je suis né dans la ville de mon père, dans le gîte du lion, trois grottes qui se collaient, avaient donné ce nom à notre quartier natal, ma famille paternelle et moi, étions les seuls à y être né.

Mon père était de descendance noble, d'une lignée dynastique historiquement célèbre, celle des Zianides dont Yaghmouracen Yacoub El Mansour était le roi de Tlemcen régnant sur une grande partie de l'Afrique du Nord et d'Espagne au treizième siècle. Notre famille paternelle possédait de vastes territoires jusqu'à l'arrivée des Turcs qui les avaient dépossédés à l'époque de l'empire Ottoman. Elle s'était donc installée sur la périphérie de la ville, ou sur d'autres régions du département de Tlemcen vers la frontière avec le Maroc. Devant ces grottes où dit-on des lions régnaient en maîtres, des maisons appartenant à ma famille paternelle étaient alignée en cercle, autour d'une place qui n'avait qu'un seul accès et dont seul la famille pouvait emprunter. Ma naissance dans ces lieux ne m'apporta pas grand-chose. De ces lieux je n'ai eu aucun souvenir, je n'y suis resté que quarante-cinq jours, puis ma mère est allée après la mort de son père dont j'ai hérité du prénom, s'installer cher sa mère qui nous avait pris matériellement en charge à Nédroma. Nédroma c'est autre chose, c'est aussi tout, c'est une ville où chaque description lui donne une image différente, une ville exaltante de vie, de poésie, une véritable ruche humaine, où la bonne humeur n'a jamais cédé sa place à la tristesse, elle est ramassée comme une famille qui s'agrippe à la mère et quelqu'un soient les circonstances.

La plupart de ses enfants s'exilent pour aller vivre ailleurs, s'instruire, et travailler. Tous y reviennent pour prendre femme et se marier, les plus tenaces restent pour devenir artisans ou commerçants et deviennent à leur tour ces blagueurs à qui rien n'échappe, et d'une rumeur ils font tout un conte. C'est la ville où le téléphone arabe dit on est le plus rapide, j'en ai fait l'expérience personnellement, à cet âge. Les mères disaient, à leurs enfants d'aller jouer ou voir ce qui se passe dehors et rapporter les dernières nouvelles. Les filles n'avaient pas droit à ce genre de reconnaissance par les adultes de leur entourage familial.

Au contraire s'il leur arrivait de jouer dehors c'est pour porter dans leurs bras ou sur leur hanche inclinée leur petit frère ou petite sœur, quand ces derniers se mettaient à pleurer à l'intérieur de la maison. Quand ils sont de retour, on leur demandait alors ce qui s'était passé à l'extérieur.

Les maisons de cette ville sont toutes collées les unes aux autres, seules quelques étroites ruelles cèdent le passage aux piétons, les voitures ne peuvent que rarement s'engager dans ces entonnoirs où il leur faudra manœuvrer agile pour s'en sortir à reculons. L'armée française d'occupation a eu beaucoup de peine à maîtriser les mouvements dans ces labyrinthes qui finissent souvent dans une cour de maison occupée par des femmes, qui au moindre égarement du chemin d'un homme, elle se mettaient à crier en cœur. Ce genre de situation a eu ses effets pendant la guerre d'Algérie, les patrouilles de soldats français, ne connaissant pas la ville, et qui s'aventuraient dans ces dédales complexes et souvent sans issues étaient paniqués, devant l'hystérie féminine, qui se communiquait d'une maison à une autre, puis d'un quartier à un autre jusqu'à embraser une bonne partie de la ville. Les fois suivantes des précautions étaient prises, les chefs de patrouilles comptaient d'abord leurs soldats avant de les engager dans ces boyaux de rue, et à chaque fouille de maison ils laissaient une marque de craie qui changeait de couleur suivant l'opération et le jour de rafle. Des fois nous avions droit à deux passages dans la même journée, mais je n'avais jamais assisté à une violence terrifiante dans ce genre de fouille générale. Une fois seulement un légionnaire en fouillant des armoires avait tenté de se faire un petit baluchon de foulards, fichus et autres que brodait ma mère pour sa clientèle, et d'une radio TSF. Nous avions vite fait de le jeter dehors, en l'accompagnant par la

105

main jusqu'au seuil de la maison.

Il faut dire aussi qu'on y avait droit pratiquement tous les dimanches, et à l'avance tous les hommes adultes à partir de quinze ans, doivent quitter leur domicile et descendre au stade, qu'on appelait le terrain. Ils étaient mis sous surveillance pendant ces rafles, on les relâchait en fin de matinée ou en début d'après-midi en leur mettant un coup de tampon à encre sur une partie visible d'un bras, et des fois pour les humilier un peu plus, certains militaires, abusant du pouvoir que leur donnaient les évènements leur apposaient ce signe de comptage sur le front et qu'il n'avait pas le droit d'enlever avant la tombée du couvre-feu.

Quand mon oncle, le coiffeur, arrivait à la maison avec ce justificatif de contrôle sur le visage, ça nous faisait rire, et lui, riait plutôt jaune. Il était comme toujours naïf et pas très courageux, pour celui qui a fini comme le héros de la famille. En 1959 il finit par partir en France et travailler dans une usine de fabrication de boîtes de conserves. Et quelques mois après son installation, des membres du FLN avaient pris contact avec lui, et s'est trouvé impliqué dans une affaire de tracts trouvés dans son lit. IL fut arrêté condamné à plusieurs années dans une prison qui se trouvait sur la frontière Suisse Ma mère pensait souvent à lui, lui qui était frileux. On lui faisait tricoter de grosses chaussettes en laine qu'on lui envoyait par l'intermédiaire de la Croix Rouge, il a été libéré pour le cessez-le-feu, après le 19 mars 1962. Il a ensuite rejoint Paris pour reprendre le travail, Il avait l'intention de gagner un peu d'argent pour rentrer au pays et se marier.

Mais, manque de chance, tout ne s'est pas passé comme il le voulait, en se promenant au 18e arrondissement à Barbes quand un gangster surnommé Daladier, algérien lui aussi, lui tira une balle de revolver dans la jambe sans aucun prétexte, et il séjourna quelques temps à l'hôpital et quelques mois en rééducation pour sa jambe, il a fini par se faire un petit pécule qui lui a permis de rentrer définitivement en Algérie en 1964 et se marier à une fille de Nédroma, très proche de la famille comme le font la plupart des gens de chez nous.

En se mariant chez eux les hommes de Nédroma n'ont fait que tenir la promesse qu'ils avaient faites, jeunes, à leur adolescence ou c'est souvent les mamans des petites filles qui se réservaient les garçons de leur milieu familial. Ça commençait en général par un genre de blague qui mettait en sourdine un espoir de voir leur fille déjà casée pas loin de chez sa mère. Et le jour où le garçon qui n'osera pas dire, qu'il voudrait se marier, commence par faire des allusions jusqu'à ce qu'un membre de la famille l'incite en quelque sorte à se dévoiler ouvertement, et sans dire quelle fille il préférerait. J'ai assisté souvent à des réunions de femmes commençant à lister les filles qui auraient un intérêt particulier ou plutôt que des avantages aux yeux de la famille. Le choix se fait par élimination, selon le nombre de défauts jugés incompatibles pour la famille du garçon. Une fois cette sélection faite, on traite d'abord la liste avec le futur fiancé qui choisit celle qu'il aimerait le plus, prendre pour femme, selon les critères énoncés par le cercle familial. Il donne son accord, sur cette base, comme s'il ne connaissait pas de visu la fille. Même dans le cas où elle ne serait pas de la famille proche.

Après ça, une petite délégation, toujours de femmes, en général tantes et sœurs du futur marié, s'invite pour une raison quelconque, chez la fille ciblée pour mieux évaluer dans les détails les qualités et confirmer le choix. Une deuxième rencontre se préparera, et cette fois en présence de la jeune future mariée et à son insu. En prétextant un mobile quelconque, et comme si de rien n'était, le fiancé arrive à l'improviste pour découvrir sa potentielle élue. La famille de celle-ci au lieu d'être faussement dupée était plutôt complice favorable. Dans des cas pareils les jeux sont faits et conclus après quelques jours de réflexion pour ne pas montrer à la future belle fille ou belle-sœur qu'elle avait conquis tout le monde du premier coup. C'est le message qu'on lui transmet indirectement par l'intermédiaire de ses parents. Sa famille lui explique qu'elle devrait gagner le privilège qu'on va lui accorder d'être intégrée dans sa future famille. Les garçons quant à eux n'ont pas à prouver, ni étaler leurs valeurs, que personne n'ignore en dehors de certaines exigences, plutôt liés à la religion, ni buveur d'alcool, ni joueur de hasard, un emploi fixe et bien se comporter dans la société, et surtout à Nédroma. En dehors de cette ville on lui permettra quelques tolérances du style : ailleurs personne ne t'a vu. Avec tout ça tout homme qui se choisirait une femme de Nédroma aura la certitude de trouver une fille qui avait été bien éduquée, une bonne femme d'intérieur, même si elle travaille, et surtout une virginité incontestable. Le jour du mariage tout le monde est angoissé, on dit qu'avec les filles on ne sait jamais, et ce jour-là on aura la preuve à dévoiler en public après que le marié ait fait son entrée nuptiale et jeté comme en pâture à toute la présence en liesse, un habit léger de la mariée, taché de sang. Pour certains il n'aura pas duré quinze minutes.

Après tout ça la fièvre de l'angoisse tombe et laisse s'installer une soirée de fête bien organisée autour d'un orchestre de musique arabe andalouse. Désormais la famille de la mariée vient d'élargir le cercle de famille si elle ne l'était déjà et les enfants comme moi étaient plutôt contents de voir une nouvelle venue, toute fraîche et souvent bien maquillée qu'on trouvait forcement belle et surtout attentive à tout ce qu'on fait ou ce qu'on dit.

Les petites récompenses étaient fréquentes, en gourmandises restant de la période du mariage. Notre maison, dans notre langage à Nédroma, c'est notre cercle, cette appellation nous vient du retour de nos ancêtres, d'Andalousie qu'on chante encore éperdument dans toutes les occasions festives ou évènements dans ce genre. Nous vivons encore en partie des traditions, de la culture de cette époque jamais oubliée. Les berceuses pour enfants déjà nous rappelle d'où sommes-nous venus et le drame de l'exile que nous avons vécu au travers de nos aïeuls de Grenade, Séville et Cordoba. Notre famille du côté de ma mère est toute originaire d'El Andalous et descendante de famille princière. En cette période de mes quatre à cinq ans mon oncle Si Driss était musicien violoniste et chef d'orchestre de musique andalouse. Il était connu très loin en Algérie et une fois il avait enregistré un disque à la radio, longtemps plus tard, j'ai vainement cherché les traces dans les archives de la bibliothèque nationale française, en pensant faire plaisirs à mes cousins ses enfants et mes neveux ses petits-enfants. Si Driss était un homme connu et tellement craint, qu'un dicton est encore de nos jours cités en exemple dans les familles *nédromis*. C'est qu'il était tellement sévère, qu'une femme jusqu'à nos jours, quand elle est cloîtrée par son mari, dit-elle, qu'elle n'est pas sous les commandements de Si Driss. Il était asthmatique, fumeur aimait la belle vie et surtout la musique arabe andalouse avec ça il travaillait à la mairie, et il était de la même descendance que ma grand-mère et sa première femme, ma grand-tante, c'est-à-dire la sœur de ma grand-mère qui est morte assez jeune en laissant une fille et cinq garçons dont le dernier était Merouane, mon beau-frère qui a épousé ma grande sœur. Pour ne pas le laisser veuf avec ses six enfants, mon grand-père qui était son beau-frère lui a donné comme épouse une de ses filles la cadette de ma mère et avec laquelle il a eu quatre enfants qui sont mes cousins germains, soit trois filles et un garçon avec lequel je jouais et fréquentais beaucoup jusqu'à notre adolescence au collège et lycée. Nous nous sommes retrouvés adultes, lui enseignant et moi fonctionnaire et après nous nous sommes séparés jusqu'à

111

ce jour.

Auprès de mon père à paris on commençait à prendre nos habitudes et on attendait qu'un autre appartement soit libre à Nanterre pour la rentrée scolaire, je ne savais pas que ma scolarité allait commencer. Mon oncle qui allait devenir mon tuteur et futur dresseur de torts venait souvent le dimanche pour nous voir et nous promener des fois avec lui et aussi nous offrir quelques gourmandises. Une fois en l'accompagnant je me suis perdu dans les couloirs du métro en suivant quelqu'un qui portait un costume gris comme lui. On a eu aussi la visite de cousin Mahieddine étudiant en droit lui aussi fils de Si Driss et qui a fini magistrat. Mais la visite qui m'a le plus marqué c'est celle de Marie ou Meryem, la femme d'un cousin de ma mère, que j'avais déjà vu à Nédroma et qui était juive, le cousin de ma mère était un ancien combattant des deux guerres, et dit on avait beaucoup d'argent et n'avait pas d'enfant mais ils étaient tous deux aussi radin l'un que l'autre, ils vivaient dans un petit appartement sombre qui ressemblait à une loge de concierge dans un immeuble propre dans je ne sais quel arrondissement de Paris. Il disait à ma mère qui sursautait d'un haut-le-corps, que quand il mourra il sera enterré dans la même

112

tombe que Marie, ça devait être sûrement un mariage d'amour, mais pour ma mère une juive et un musulman dans la même boite, c'est forcément l'enfer qui les attendra. Déjà pour le cercueil chez une musulmane, c'est inacceptable en plus avec une juive, mais elle disait qu'elle était gentille et elle l'aimait bien en racontant un peu de son histoire comme elle le lui a raconté parce que Marie parlait bien l'arabe, avec un accent de juif. Son histoire on ne la comprenait pas à notre âge. Elle n'avait pas de famille ni aucun proche vivant sur terre, ils ont tous été dans des fours et elle aussi, ou presque, mais radine comme elle l'était, elle ne venait jamais les mains vides, elle nous portait du pain qu'elle faisait elle-même et quelques friandises, ma mère les acceptait et lui faisait confiance pour ce qui est de manger parce qu'elle était juive. En France ma mère n'a jamais accepté de manger ce que lui offrait un chrétien qu'elle appelait des *koffars*, entendez les mécréants, c'est à cause de la religion. A Nédroma aussi il y avait beaucoup de juifs et Lili qui était très grand et très maigre, nous connaissions bien et nous portait souvent des gâteaux sans sel, le *rkik* comme, le pain galettes, beaucoup d'israélites de Nédroma étaient logés en location dans des maisons qu'une partie de ma famille possédait, ma grand-mère et ses frères avant d'être expropriée par la France avait, le terrain où fût

113

construit l'école de filles, le jardin public, la maison douanière, la maison du gouverneur, la mairie, le commissariat de police, la maison du maire, la prison, la banque qui était devenu la poste, et des locaux qu'on louait à l'armée française et dont je gardais le loyer pour étudier plus tard, enfin on me disait ça, mais ma mère a d'abord économisé cet argent, pour le placer en bijoux, qui serviront de dots pour marier mes sœurs, puis elle a acheté une très belle ceinture en or que tout le monde voulait qu'elle a finalement cédé à mon beau-frère pour peu, et qu'il a à son tour cédé à l'un de ses cousins pour rembourser ses dettes. J'arrête ici ce genre de détails pour ne pas aller aussi loin que la discrétion obligée me le recommande. Dans cette famille, la mienne, on ne peut parler de tout. Tiens puisqu'on en est là pourquoi ne pas rompre ce silence étouffant, pour que les générations futures sachent bien qui était qui, et qui faisait quoi.

Bon an mal an, notre vie en France tournait à la routine, sauf pour moi, qui était scolarisé en maternelle à Nanterre, un autre monde s'ouvrait à moi. J'allais en classe ou j'ai surtout appris à parler le français, et surtout j'allais pour jouer et m'amuser avec les petits camarades et aussi me disputer, j'aimais çà, me disputer je me mesurais surtout aux plus grands et je ne me rappelle pas avoir reçu une raclée, on venait même me chercher pour défendre les autres alors que je n'avais rien qui puisse impressionner, pas même les petits. Mais j'ai toujours été courageux et téméraire. Pourquoi ? Je n'en sais rien, Au début comme je ne savais pas parler, mes camarades me côtoyer comme pour découvrir une curiosité, il faut dire qu'en cette année-là des petits algériens ou étrangers. Il n'y en avait pas beaucoup et même pas du tout dans cette école. Je passais mes heures dans une salle, avec d'autres, à me servir des jouets de mon choix, qu'on prenait dans des tiroirs de grandes armoires, comme celles qu'on trouve dans des familles. J'aimais beaucoup ces distractions. Il faut dire que chez nous, nous n'étions pas habitués à recevoir des jouets, d'aucune sorte, pour nos fêtes ou anniversaires, pas même un ours en peluche, les filles, se fabriquaient, leurs poupées en chiffon en mettant un squelette en croix avec deux morceaux de roseaux et les garçons un peu plus âgés que moi s'amusaient à pousser un cerceau en courant après, pieds nus, qu'on récupère sur des pneus brûlés. Avec mes deux sœurs on allait souvent nous promener dans des parcs, où il y avait beaucoup de sculptures et statues, qui m'impressionnaient énormément. Ma sœur Latifa me faisait croire, à moins qu'elle n'y croyait elle-même, que Dieu avait immobilisées des individus en les figeant définitivement dans l'attitude qu'ils avaient. On les appelait les *chayatines*. « Tu vois ces femmes nues ! » me disait-elle en m'indiquant des statues au bord d'un plan d'eau. « Comme elles se sont déshabillées devant tout le monde sans avoir honte, eh bien Dieu les a paralysées pour de bon. » Je me rappelle que de nombreux rouleaux et longueurs de câbles électriques traînaient par terre, devant ces statuettes d'hommes et de femmes, aux dires de ma sœur encore, que c'était des ouvriers qui travaillaient mal et qui leur est arrivé la même chose que les autres. Des fois de retour à la maison ou plutôt un petit appartement de deux pièces au premier étage, après une journée de jeux et de promenades on trouvait ma mère triste, elle avait l'air d'avoir pleuré, l'Algérie lui manquait peut-être et sa famille surtout. Elle ne sortait pas beaucoup ou presque pas, on habitait à côté d'une chambrée, à quelques dizaines de mètres de chez nous et tous les occupants étaient de Nédroma ou de sa région et ça gênait ma mère d'être reconnu comme étant la fille d'un tel alors elle sortait discrètement avec la femme du propriétaire qui lui aussi était de chez nous bien évidemment. La nostalgie lui pesait énormément mais l'attitude austère et le silence permanent de mon père, n'aidaient en rien à supporter cet enfer où elle ne connaissait rien ni personne, à part quelques rares visites des mêmes personnes qui venaient

116

nous voir à Paris.

Mon père en rentrant de son travail se lavait et lisait le journal avant de manger, et après le souper, il se mettait à écrire au porte-plume sur des cahiers. Il avait une petite étagère d'encriers Waterman de plusieurs couleurs, et une fois qu'il avait fini d'écrire, avant de ranger ses affaires il nettoyait les plumes les brûlait à la bougie pour les désoxyder et les roulait dans du journal, une à une pour les préserver de l'humidité. Il nous faisait lire le journal, nous interdisait de boire de l'eau, mais il nous faisait boire du cidre ou de l'eau gazeuse. Ma mère buvait de l'eau plate ou gazeuse. Il nous apprenait aussi des hymnes et des chansons nationalistes, et c'était la première fois que je voyais, comme mes sœurs les couleurs du drapeau algérien vert et blanc frappé d'un croissant et d'une étoile rouge en son milieu, créé par Messali. Le premier exemplaire avait été cousu par sa femme une Française d'origine alsacienne. Mon père était membre du PPA et ami et compagnon de Messali Hadj qui lui aussi comme mon père était de Tlemcen ils se connaissaient et avaient fait souvent des voyages ensembles d'Algérie en France Depuis fort longtemps, nous avions une photo d'eux sur le pont de l'Alma à Paris. Deux hommes de grandes tailles, le visage couvert d'une longue barbe bien coupée et entretenue cheveux longs qui dépassaient de la chéchia, ils étaient habillés à l'identique, un long pardessus une écharpe autour du cou, sur l'une d'elle qu'on avait gardé à la maison il y avait des dessins de la tour Eiffel, et l'Arc de triomphe. Messali Hadj était légèrement plus grand que mon père et les sourcils bien fournis.

Ce Nationaliste algérien de première date menait un combat sans répit pour l'indépendance de son pays, pour se voir finalement considéré comme un traître attitré, pour les besoins du FLN qui voulait s'attribuer la paternité du combat pour l'indépendance de l'Algérie. Le FLN a tout mis en œuvre déjà pour délocaliser l'appartenance des initiatives politiques les transférant d'ouest à l'est en accusant Messali de trahison, d'on ne sait quoi et envers on ne sait qui. Si la réponse est venue tardivement avec l'accession de Bouteflika au pouvoir, pour sa réhabilitation, il est trop tard pour y apporter un remède à tous les crimes commis par cette injustice. Le FLN était une organisation conforme aux souhaits de nombreux chefs d'états arabes, soviétiques et autres et même au parti communiste français qui n'arrivait pas à mettre la main sur Messali comme il l'aurait voulu. Et la liquidation physique des messalistes en France et en Algérie a donné au FLN le pouvoir qu'il ne pouvait avoir par des moyens politiques que Messali et ses amis maîtrisaient et neutralisaient. Mais leur appartenance à une mouvance communiste faisait d'eux des mal-aimés à ne pas fréquenter. Messali Hadj est mort en exil dans la pauvreté la plus totale, ou presque a vécu emprisonné plus de temps que Mandela, mais il a eu le mérite d'avoir vécu pour l'honneur et la dignité de son pays, pour son intégrité morale, n'ayant été ni un corrompu comme l'ont été tous ces embourgeoisés du Bureau Politique du FLN et de l'ANP. Un homme que je connaissais, m'a dit un jour en parlant de ce sujet, que notre révolution a été conçue par les oulémas entendons par là, les savants, elle a été réalisée par des héros, ceux qui sont morts, elle profitera aux traîtres. Et à cause de ces derniers, le peuple algérien a failli sombrer, dans une misère totale à la grande réjouissance de certains. A côté de chez nous, tous nos malheurs se fêtaient, y compris à la radio et la télévision sans que pour cela les responsables et la tête du royaume de la bourgeoise et feutrée dictature voisine ne mette un terme. Mais pour les Algériens il faudra des efforts, après d'autres efforts pour pardonner à, ce qu'on appelle couramment nos frères maghrébins, autrement on ne pourra pas construire une nation qui puisse se faire écouter dans les hémicycles et les oratoires internationaux. La paix avec les pays voisins se fera au

119

détriment des mauvais souvenirs et tant mieux ; ceux qui pardonnent finiront toujours les plus forts, et leur avenir leur appartient. Pour ceux qui ne veulent pas pardonner, ils ont aussi leurs raisons, et vous diront qu'au moment les plus difficiles, ceux qui vous trahissaient, s'attendraient un jour à se retrouver sans vous, à leur côté. Et si pour leur déception et leur malheur vous êtes encore là, il vaut mieux continuer seul que mal accompagné d'une lourde présence. J'ai grandi dans ce climat d'analyses à tort ou à raison. Plus tard en classe de Cm2, j'avais à remplir un dossier de préparation de passage en sixième de collège. Sur une ligne destinée à la nationalité. J'avais mis nationalité algérienne.

Le directeur d'école de l'époque s'était vite empressé de convoquer ma mère, et d'appeler le commissariat, pour un interrogatoire d'une demi-journée dans les locaux de la police et quelques avertissements envers ma mère. Une réprimande envers moi en me tirant un peu les cheveux et la menace de ne pas avoir de bourse. Le lendemain l'instituteur, qui n'avait rien compris comme à son habitude a fait son zèle et m'administra une correction de deux gifles, ce qui était un minimum pour me faire plier. Il était l'un des plus féroces à mon égard et un enfant de chez nous. Un jour avec un maximum de sérieux, j'ai confié à l'un de mes camarades de classe, qu'après l'indépendance, et j'y croyais beaucoup, je l'exécuterai de mes propres mains. Cette histoire lui avait été rapporté, et lui-même s'en est plaint à son ami, mon cousin Missoum, lui aussi instituteur.

Dans les rues de ce quartier de Nanterre, les larges trottoirs étaient couverts de feuilles mortes et on aimait aller les piétiner le matin avant que les cantonniers ne viennent les balayer et les ramasser. Après ce ramassage ils repassaient ouvrir des vannes d'eau qui s'écoulait le long des caniveaux pour laver une partie de la chaussée, ce qui était pour moi un spectacle plein de rêveries et d'images inexistantes dans mon imaginaire. J'empilais les feuilles mortes de platanes par dizaines comme si c'était une richesse. L'eau qui s'écoulait dans les caniveaux était propre, pour aller se perdre et, emmener avec elle mes rêves de voyage vers les rivières vers les océans et les mers. Cette eau qui s'écoulait, emportait avec elle aussi ces bouts de papier que je tentais de poursuivre jusqu'à leur disparition dans une ouverture qui ressemblait à une bouche, sur le bord du trottoir couverte d'une dalle en fonte, et vers un inconnu qui pourrait être pour moi le centre de la terre. Tout cela me donnait le vertige et me laissait rêveur de longs instants. Où allait cette eau par laquelle j'envoyais ces messages vierges dont j'ai longtemps attendus les réponses, en vain ? Les jeux des autres ne m'intéressaient guère, est c'est peut-être qu'on ne comprenait pas assez mon langage ? Les mois s'écoulaient vite et me rapprochaient rapidement du retour, en Algérie que je ne soupçonnais même pas. Ma mère avait la nostalgie et pleurait souvent et chez notre voisin d'en bas et propriétaire j'entendais souvent parler du pays mais avec beaucoup d'inquiétudes qui se lisaient sur les visages.

Quand l'envie me prenait, j'allais rendre une petite visite intéressée aux chambrées des ouvriers célibataires qui avaient le même propriétaire logeur que nous. Intéressée, parce que souvent parmi eux, certains et même nombreux me donnaient quelques grosses pièces de monnaie, des gourmandises qui m'intéressaient plus et je partageais le tout avec mes sœurs. Ils avaient un étage à eux seuls, et à l'écart des familles originaires du même coin que nous. Un lieu de vie pour dormir et cuisiner où s'entassaient une vingtaine d'hommes célibataires ayant laissé leurs femmes et leurs enfants dans la région de Nédroma. Cette énorme pièce les contenait avec leurs lits et leurs tables qui leur servaient pour cuisiner et manger.

L'un d'eux qui avait connu mon grand-père me portait souvent des roses qu'il cueillait à son travail et me faisait beaucoup plaisir. Le vase dans lequel je les mettais, mon père le sortait tous les soirs pour le mettre dans le couloir. Cet homme en me voyant avait des fois des larmes aux yeux et me disait qu'ils avaient lui aussi laissé ses enfants en Algérie comme beaucoup d'entre eux dans la chambrée.

Je n'allais pas à l'école maternelle toute la journée, pourtant je m'y trouvais bien, les maîtresses avaient une attention particulière pour moi et me prêtaient, quand j'arrivais le matin, un tablier bleu qu'elle me mettaient et qu'elles m'enlevaient quand je repartais chez moi. Des fois ma mère me gardait à la maison parce qu'elle s'ennuyait toute seule. Mon père quand il partait au travail le matin tôt, il nous laissait un billet de cinq cent francs sur la table recouverte de journaux où se trouvait le réchaud à gaz qui servait à faire la cuisine. En se levant un matin l'une de mes sœurs n'avait pas éteint l'allumette qui a servi à allumer ce réchaud, et ça avait mis le feu au journal qui avait communiqué la flamme au billet plié en deux. Tout le monde était pris de panique des conséquences qu'on allait subir. On a essayé chacun son tour de le faire passer pour un billet entier à l'épicière du quartier et elles n'étaient pas nombreuses à cette époque-là, mes deux sœurs d'abord et moi en dernier, ce qui l'avait mise en colère, ce qui nous avait mis en restriction ce jour-là. Pour nous dépanner, et préparer le repas du soir et la gamelle de mon père pour son travail le lendemain. Nous avons raconté notre histoire à nos voisins d'en bas qui n'ont pas hésité à nous rendre service en nous prêtant un peu d'argent. Le soir en rentrant ma sœur aînée a donné le billet coupé en deux et noirci par la flamme, à mon père qui lui en remis un autre en lui disant que ce n'était pas grave. Les choses étaient rentrées dans l'ordre sans conséquences particulières et mon père paraissait ce jour-là, sous un aspect plutôt sympathique ce qui était rare, à bien le connaître. L'enfant préféré de mon père n'était pas ce qu'on pourrait supposer, c'est-à-dire son seul garçon et que j'avais été. Quelques temps après mon frère Amine naissait et je ne pouvais plus prétendre à l'unicité de ce privilège qui a été de courte durée entre la mort violente de mon cadet Chouaieb. Mais ma sœur aînée Bahidja le comprenait assez bien et apprenait toutes les chansons et hymnes qu'il lui apprenait et qu'elle répétait studieusement à sa grande satisfaction. Moi qui ne l'aimais pas beaucoup faute de l'avoir bien connu depuis ma naissance, je préférais ma mère et je leur disais tout haut et peut être que ça le rendait jaloux mais rendait ma mère heureuse et je l'apercevais sur son visage.

Un jour, quelques temps avant de le rencontrer, je rentrais dans une furieuse colère comme cela m'arrivait des fois je tentais d'arracher la tête mécanique de la machine à coudre pour la jeter sur ma sœur. La courroie et les vis qui la tenaient au socle à pédale et la petite force de mes quatre ans m'en avaient empêché de justesse. Ma mère en même temps a crié pour me faire peur en me disant : cette machine que tu veux casser, c'est ton père. J'avais compris de suite l'allusion et qui n'était pas une ironie, et chaque fois que je regardais cet engin, je pensais à cet homme qui ressemble à un mécanisme en ferraille, compliqué et avec des aiguilles qui vous transperce les doigts si vous ne faites gaffe. Alors mon père c'était ça ? J'avais traîné cette image avec d'autres, comme celle où mon oncle Mustapha le menuisier, sur la terrasse de notre maison me montre droit devant à l'horizon et me disait-il : vois-tu là-bas ? il y a trois arbres énormes c'est par là, qu'il est ton père en direction de la mer, c'est-à-dire la France. Et à partir de là mon père ressemblait à un bosquet d'énormes caroubiers, celui du centre qui formait la tête et le corps et les deux autres étaient ses bras sur chacun de ses côtés. Les fêtes de fin d'année ne m'avaient pas plus marqué que ça, les cadeaux que j'avais eu en cette occasion n'a pas retenu mon attention à part un ours en peluche qui me semblait avoir une âme au travers de son regard vif et triste à la fois.

Dans les jours qui ont suivi une dame est venu me parler alors que je m'amusais comme la plupart du temps seul, elle tenait un panier à la main, l'avait déposé devant moi et m'avait proposé de m'offrir un camion de pompiers avec des sapeurs accrochés dessus. Quand j'étais rentré chez moi, tout le monde était surpris et content de me voir arrivé réjoui de ce présent reçu d'une inconnue. La déception fut d'autant plus grande quand quelques jours après que mon père m'ait vu monter sur ce petit camion duquel j'avais détaché ces petits bonhommes pour pouvoir m'asseoir à leur place malgré mon poids beaucoup plus important. Il m'avait donné une claque qui m'avait fait mal intérieurement, même si elle n'était que superficielle. Les jours que je continuais à vivre en France commençaient à s'inscrire dans ma mémoire et je continuais à m'habituer au rythme et au langage. Je parlais beaucoup plus le français que l'arabe et ça enchantait beaucoup ma mère, et subitement on commençait à préparer nos affaires pour partir en Algérie. Ce mot commençait à devenir de plus en plus étrange pour moi. On disait dans notre langage *lengiri*, le mot était étrange dit dans la bouche des autres. Ce départ fut si brusque que je ne me rappelais pas de tout ce qui a suivi jusqu'à notre embarquement sur un bateau à Marsillia, là on a fait la connaissance d'un monsieur qui était de Nédroma et habitait dans la chambrée des célibataires à Nanterre, ce qui nous a rendu service pendant ce périple où je fus très malade. A notre arrivée à Oran nous sommes montés sur le pont du bateau la ville d'Alger et en regardant vers le port, mes sœurs ont aperçu mon oncle le meunier, mari de ma tante femme d'affaires. Tout le monde était heureux et ma mère surtout qui se savait maintenant à l'abri de tout et surtout de tout ce qu'elle avait subi. Moi j'étais plutôt triste et malade et mes sœurs devaient me porter sur le dos, des fois pour les soulager le monsieur qui s'était occupé de nous en cours de voyage me prenait dans ses bras quelques instants. Enfin une fois à terre on a pris un taxi qui nous a ramenés jusqu'à Nédroma chez notre grand-mère, dans notre douce maison, celle de notre enfance, où le soleil brillait presque toute l'année. Je reconnaissais les lieux, et mes oncles le coiffeur et le menuisier, je retrouvais ma rue de la Casbah, en terre battue et pavée de pierres, l'odeur de la cuisine qui s'échappait de toutes les maisons aux portes constamment ouvertes. Le bonheur de retrouver ma grand-mère était immense et je me comportais envers elle comme si je comprenais que je lui devais une immense reconnaissance. En effet je lui devais bien plus que ça.

127

Ma mère n'a pas pu garder tous ses enfants en vie, pour une raison ou une autre, et la plus importante de ces raisons était une cause que nous n'avons appris que adultes du moins pour ma part. Ma mère s'était déjà mariée une première fois à un cousin du côté de son père, il portait le même nom qu'elle, son union n'avait duré que six mois, et son premier enfant elle l'a eu à quinze ans et l'avait perdu à moins d'un an. Ma mère qui a toujours été discrète par pudeur, quand on la questionnait nous ses enfants, elle nous répondait que ce premier mariage ne comptait pas pour elle et son premier enfant non plus. Elle était si jeune qu'elle ne pouvait l'allaiter de son sein et les biberons n'existaient pas encore. Si elle même voulait occulter cette période de sa vie il ne m'appartient pas à moi d'en parler, et longtemps plus tard, un des fils de son premier mari qui avait mon âge, est devenu un ami puisque nous étions aussi cousins, a su par moi, que son père avait eu comme première femme sa cousine, ma mère. Ma mère voulait un jour rendre visite à ses parents malgré les interdits de son mari, mais sur incitation de sa belle-mère qui avait tout manigancé, et de retour ma mère ayant enfreint la loi qui dicte le divorce en cas où une femme ne respecte pas les règles imposées par son mari, fût divorcée et renvoyée chez elle dans l'immédiat. Cette loi qui pourrait exister encore dans des régions reculées est le Haram Talak

128

Talat. Dans les anciens temps pas si anciens puisque je l'ai entendu et n'étant pas moi-même plus vieux que ça, un homme qui prononçait cette promesse de divorce à sa femme pour la moindre enfreinte, par exemple, si un de ses enfants en bas âges arrivait à se brûler par inattention et pour la troisième fois et qu'on incombe à sa mère la responsabilité, la femme est vue comme divorcée à l'instant, sans quoi elle est considérée comme illégitime et sa présence dans le lit de son mari est un péché absolu. Enfin quelques années plus tard ma mère s'était remariée avec un Tlemcénien de souche Charif, noble et a eu neuf enfants dont deux mourront à l'âge de nourrisson par manque de lait. Ma grand-mère à mon arrivée dans sa maison a acheté une vache à lait pour me sauver d'une mort certaine, et qu'on a gardé longtemps après notre retour de France. Elle a été en quelque sorte ma mère nourricière. Tous les matins ma grand-mère ou un membre de la famille la relâchait rejoindre un berger qui regroupait toutes les brebis et chèvres des familles qui en possédaient pour leur besoin en lait que ça soit pour la vente ou pour leur consommation familiale. La seule vache du troupeau c'était la nôtre. Avec le lait qu'on obtenait on faisait un peu de beurre et donc du petit lait et tout était pour notre consommation personnelle. On en envoyait un peu à mon autre tante la femme du musicien. Je suis revenu retrouver tout

129

ce que j'avais laissé à mes quatre ans, mais un autre problème m'attendait et je n'arrivais pas ou presque à m'exprimer en arabe. Déjà dans la rue on m'appelait le petit parisien. Ma mère était enceinte et je ne m'étais pas aperçu ou alors je ne faisais pas attention à tout ça, jusqu'au jour où une voisine qui était sage-femme venait dormir chez nous, sa maison n'était pas loin de notre rue. Le mois de mai 1954 il y eut la naissance de mon petit frère qu'on a prénommé Amine et je n'avais plus le privilège d'être l'unique garçon de ma mère. C'est l'année de ma première rentrée scolaire à l'école primaire j'avais préparé mon cartable et c'était mon oncle Si Driss Rahal musicien qui est venu de chez lui, du bas de la ville pour m'accompagner à l'école à pied et à deux kilomètres de chez nous. En route il me posait des questions en français et je lui donnais souvent les réponses qu'il attendait ce qui lui faisait plaisir. Déjà ces derniers temps et je continuais après cette rentrée à aller m'amuser chez ma tante avec mon petit cousin d'un an et demi plus jeune. J'aimais beaucoup y aller chez eux, mon oncle m'apprenait le calcul et l'écriture, sur un tableau qui tenait sur un trépied, je donnais de bons résultats, et mon oncle Si Driss me récompensait, ce qui ne plaisait pas trop à ma tante qui souvent n'hésitait pas à me renvoyer chez ma mère à l'heure du repas de midi. A cet âge j'avais du plaisir à aller chez ma tante

130

pour jouer avec mon cousin qui des fois venait me chercher à la maison pour passer la journée avec lui. Nous avions pris l'habitude de s'inviter l'un et l'autre. Lui venait le dimanche et moi j'allais le jeudi Mon oncle Si Driss était un bon musicien violoniste et chef d'orchestre de musique andalouse, mais c'était aussi un homme qui préparait de bons plats, surtout aux poissons, j'allais aussi pour ça, le jeudi, au grand marché il allait faire ses courses pour préparer la cuisine, j'assistais à tous ces préparatifs. La recette je la connaissais par cœur. Il lavait les pommes de terre, les épluchait, vidait les poissons. En général il préférait des sardines fraîches ou à défaut des bonites qu'il nettoyait et coupait en morceaux, de toute façon, on avait très peu de choix à l'époque et on n'aurait jamais mis une crevette à la bouche. Ensuite il coupait en fines rondelles des pommes de terre, la moitié d'un citron, deux feuilles de laurier, quelques olives noires et un ou deux piments rouges bien piquants. Quand tous les ingrédients étaient prêts, il disposa une bonne couche de rondelles de pommes de terre, sur laquelle il couchait quelques sardines et ainsi de suite jusqu'à bien remplir le plat ovale ayant deux anses à ses extrémités. Il noyait le tout d'un préparatif juteux à base d'huile, de piment en poudre, de jus de citron, et quelques épices bien parfumées avec un peu d'eau et il emmena le tout au four public non loin

131

de sa maison. Puis, il repart à son travail à la mairie qu'il quitte selon son bon vouloir et sans qu'il ne doive se justifier ou demander la moindre autorisation. Disons qu'il faisait partie des personnes qui n'avait pas à rendre de comptes. Le maire de cette époque étant un cousin par alliance du nom d'Agha Slimane. Une dizaine d'années plus tard, un de ses fils avait pris la relève, au même travail, et quelques mêmes habitudes y compris cette recette. Midi sonnant, mon cousin et moi attendons la cuisson au four pour ramener le plat cuit, c'était moi qui le portait sans renverser une goutte de jus. Mais il m'est arrivé de remonter chez moi le nœud à la gorge parce que ma tante me renvoyait sous un prétexte ou un autre. Je n'étais pas turbulent mais plus agile, et plus alerte que mon cousin ce qui lui, déplaisait car elle voyait en moi un concurrent de son fils aux yeux de son père. À moments je ne voyais en ma tante qu'une femme comme s'il n'y avait aucun lien familial et affectif. J'avais commencé à ne plus l'aimer à partir de cette période-là. J'appréhendais de plus en plus sa rencontre alors que j'étais très attaché à mon cousin, qui était mon seul camarade de jeux, et avec qui je partageais tout ce que je pouvais jusqu'à l'âge adulte. De mon côté, jamais ma mère ne m'a initié à la moindre astuce ou cachotterie vis-à-vis de mon camarade de jeux, alors que des fois ma tante appelait son fils

132

pour lui donner en cachette ce qu'elle ne voulait pas qu'il partage avec moi, et ça s'est passé jusqu'à notre époque de lycée où elle venait le voir au parloir en faisant prendre soin par les maîtres d'internat de ne pas m'avertir de sa présence. Malgré son conseil on venait me le dire parce qu'ils savaient tous, pions et élèves que je partageais tout avec mon cousin y compris les sommes d'argent que ma mère m'envoyait. Mon idée était toute faite à son propos et de bien d'autres personnes sur lesquelles j'avais construits mes idées, des fois haineuses. Enfant j'avais établi une liste d'amour où se trouvaient en tête les gens que j'aimais le plus et par ordre de mérite, contrairement à ce qu'on pourrait attendre ce n'était pas ma mère mais ma grand-mère qui était en premier. Ensuite, c'était ma mère, après il y avait mon oncle l'instituteur etc. On me questionnait souvent sur qui était encore en premier et ainsi de suite. Ma classification n'avait duré que le temps de mon enfance et plus je grandissais plus la liste opposée, où figurait les gens que je détestais, prenait le relais. Je m'isolais de plus en plus de la société et à la maison on me faisait remarquer que je ressemblais de plus en plus à mon père. Ce que je ne croyais pas, tout en voulant avoir le sérieux imposant et intimidant de sa posture. Cet homme qui était pour moi un inconnu, et l'était resté jusqu'à sa mort, il y a un peu plus de vingt-cinq ans. Il

133

était issu d'une famille de négociants en cheptel ovin, son père que je n'avais pas connu avait une famille nombreuse et était connu plus par son type berbère auburn aux yeux verts, ma mère qui me racontait qu'il était grand et gros et mangeait énormément, sa famille nombreuse se composait de huit garçons et quatre filles le benjamin étant mon père, qui n'avait jamais été à l'école française mais a appris l'arabe coranique dans des medersas faites pour ça. A dix-huit ans, il fait la rencontre de Messali lors d'un meeting politique, ceux qui l'ont connu m'ont dit que de l'illettrisme francophone en deux à trois ans il était devenu le secrétaire politique de son secteur au sein de l'Étoile Nord-Africaine puis du Parti Populaire Algérien. Son engagement prenait le pas sur ses devoirs familiaux et professionnels et de là il est devenu un idéaliste qui ne laissait la place à aucun dialogue. D'après lui, les Algériens n'étaient pas encore français à l'époque et n'avaient pas à rendre des services que leur réclamait un pays qui les occupait dans l'illégalité. Un de ses frères était mort disparu en campagne d'Italie, et avant, pendant la première guerre mondiale deux de ses oncles ne sont jamais rentrés du marché où ils avaient été enrôlés de force par les autorités françaises de l'époque, sans même repasser dire au revoir à leurs parents. Disons que c'était un voisinage forcé entre les autochtones qu'on appelait indigènes et les européens installés en Algérie. Ce mot avait une imprégnation péjorative, indigénat dans l'esprit des autres, insinuait l'arriération d'une civilisation, et les nouveaux habitants de l'Algérie que nous appelions nous, les *roumis*. Les messalistes ont assis leur théorie sur le combat du peuple algérien, asservi. Je ne reviens pas sur l'histoire qui s'écrira, de chaque bord de la Méditerranée, d'un point de vue différent. Nous avons tous appris à l'école que nos ancêtres arabes étaient des païens, ressemblants à des envahisseurs sans foi ni loi qui avaient envahi le sud de l'Europe avec une certaine croyance, et qu'on appelait les Mahométans. L'école de garçons de Nédroma, était grande et ni très ancienne ni neuve, elle avait été bâtie comme la plupart des bâtiments officiels sur des terrains familiaux. Ma famille, si elle avait été rétribuée à juste titre pour les biens qu'elle avait concédé au pouvoir français nous serions beaucoup plus riches que ça. Un de nos aïeuls, le plus connu jusqu'au palais de Napoléon III, était Agha et Caïd des Caïds Si Hamza Ben Rahal. La préparation du célèbre traité de la Tafna, qui laissait une partie du territoire algérien libre de toute occupation française allant de cette rivière située à vingt-quatre kilomètres à l'est de Nédroma, jusqu'à la frontière marocaine, ne fut jamais respectée. L'Émir Abd-El-Kader s'était rendu au français et

135

mon aïeul, le grand père de ma grand-mère, fille, aussi de notable Tlemcénien et grand propriétaire terrien sur la région de Nédroma était son témoin Une grande partie de la plaine qui s'étendait au nord de la ville et pas loin des Souahlia, portait le nom de mon autre arrière-grand-père, Ben Abraham, c'était là où l'Émir Abd El Kader et ses guerriers ont mené et gagné la bataille de Sidi Brahim. Mais tous ces biens furent confisqués et donnés à des colons très peu nombreux dans notre région. Malgré tout, ces titres lui avaient valu d'être reconnu par l'intermédiaire de son fils Mohammed ben Rahal dans les palais de l'empire colonial en France et fût invité à l'exposition universelle Il a été le premier bachelier francophone et le financier général de l'Algérie, tout ça, avait bâti une sorte de légende qui a sa part de vérité dans certains faits qui ont suivi. Pas loin de sa mort, dit-on quand Dieu aime un croyant il lui ouvre les portes du ciel, et lui fait signe un très court instant, de formuler un vœu dans ses prières. Lui, notre ancêtre avait prié pour que toutes les générations de sa postérité réussissent dans le savoir et la connaissance. C'est peut-être vrai mais tout le monde comme moi, n'a pas été pris en compte. Peut-être étions nous très nombreux, ou peut-être aussi n'étaient concernés que ceux de sa lignée, et ceux portant son nom. J'aurais échappé en tous les cas à toutes ces probabilités. Étant du coté de mon père

136

par descendance Zianide et à des alliances multiples et diverses, j'avais droit à d'autres héritages.

Beaucoup d'enfants ont hérité de cette prière mais ont oublié que Nédroma, cette petite ville insignifiante à leurs yeux, a donné à leur ancêtres le mérite qu'ils ont eu à naître dans le berceau de dynasties conquérantes, qui avaient semé le savoir dans le monde tel qu'il était il y a plus de dix siècles. Moi, si noblesse il y avait, elle me viendrait plus du côté de mon père en lignée directe. La petite ville que c'est, a souffert surtout de l'abandon de ceux qui ont réussi leur carrière dans les hautes sphères de l'état, les portes feuilles des ministères, ou les directions des grandes sociétés ou administrations. Ma première année scolaire allait donc commencer avec beaucoup de bonheur et je fréquentais deux écoles à la fois. La première, où j'avais commencé dès notre retour de France, la Medersa de Nédroma, un bâtiment tout neuf financé par les *Nédromis* et construit sur un terrain offert par notre famille, et ma mère avait offert un bijou comme la plupart des femmes du cercle habituel des grandes familles de Nédroma qui aspiraient à la haute instruction pour leurs enfants. Je connaissais déjà cet immeuble pour y avoir été circoncis par le directeur de cet établissement, quand j'avais à peine un peu plus de trois ans, et pour l'histoire j'ai gardé une bonne mémoire et dans ses moindres détails.

C'était une matinée de beau temps comme beaucoup d'autres dans ma vie d'enfant, mon plus jeune oncle et son ami, un voisin, sur l'instigation de la mère et la sœur aînée de celui-ci qui n'était autre que le jeune qui plus tard tentera d'abattre de deux balles sous mes yeux, un personnage accusé de collaboration avec les français. Le serviteur du plus haut, c'est ainsi qu'on traduirait son nom, Abdel Ali, ce garçon de quinze ans, d'une gentillesse exemplaire, comme tous les membres de sa famille, presque entièrement décimée en peu de temps après sa mort. Il y a des gens comme ceux-là qu'on n'oublie jamais de sa vie. Ils habitaient en loyer dans une partie d'une maison de l'une de mes cousines, ils étaient nombreux, pauvres, discrets, et servaient d'exemples dans toutes les situations. J'ai toujours été fier d'être leur voisin, chez eux c'était aussi chez moi m'ont accompagné chez sa mère qui m'avait lavé les membres et le visage, m'avaient changé mes vêtements de jeux contre d'autres que mon oncle avait pris discrètement de l'armoire de ma mère. Je ne comprenais toujours pas à quoi ça rimait cette attention particulière envers moi alors que je vaquais à mes jeux avec mon copain Kadri Sidi Mohammed d'un an plus âgé que moi et qui était le frère cadet d'Abdel Ali. Une fois à la Medersa nous étions accueilli par Abdelwahab Benmansour un souleymanite des mêmes origines que mon père, le *Moudire* (directeur) de la *madrassa* de Nédroma, qui nous attendait, je ne comprenais toujours pas le but de cette visite inhabituelle mais une sorte d'angoisse ou de peur m'avait saisi comme si un sixième sens m'avertissait du danger qui m'attendait, on m'avait fait rentré dans une pièce pour me déshabiller et me mettre une longue chemise traditionnelle, une *kachaba* blanche, j'ai compris un peu le manège et je me mis à pleurer, il s'était passé très peu de temps après, mes deux accompagnateurs m'ont porté à bout de bras en me faisant croire au petit oiseau qui s'envolait pendant que Si Abdelwahab en un clin d'œil m'avait opéré du phimosis et la purification était faite et je devenais officiellement musulman Mes deux accompagnateurs que j'avais haï un instant, m'ont porté chez moi à la grande surprise de ma mère et ma grand-mère qui n'étaient au courant de rien. C'est généralement de cette façon qu'on procède dans toutes les familles de Nédroma, tout ça, finit par une fête et le petit garçon devient célèbre, riche, et marchera comme un caneton, tout ça pendant une semaine. Cet événement m'aura marqué un peu plus que d'autres enfants, plus tard je fréquentais cette école avec ma

139

mère, mes tantes, cousines et grand-mère qui allaient tous les vendredi soir après souper, à une réunion de sensibilisation culturelle, d'histoire et d'éveil politique, réservée aux femmes, et animée par le directeur de la Medersa Abdelwahab Ben Mansour que je connaissais déjà, descendant de la même souche originelle que mon père, il m'avait circoncise pour mon opération de baptême. Ce personnage devenu une personnalité illustre dans le pays voisin mais aussi grâce à ma famille pour l'avoir fait évadé, clandestinement pendant qu'il était recherché par l'armée française. J'étais scolarisé dans cette école arabophone la medersa de Nédroma, en première année et je commençais à lire, écrire, et compter dans ma langue maternelle, quand un jour des soldats français ont envahi en grand nombre et subitement toute les salles de classes, c'était pour nous la première fois qu'on rencontrait des militaires habillés de la sorte, des casques sur la tête et des armes à la main, les maîtres ont tous été arrêtés et embarqué dans des camions sous nos yeux, nous sommes tous partis en pleurant et affolés par ce qu'on vient de voir sans rien y comprendre. Le directeur de cette maison du savoir comme on l'appelait chez moi avait disparu la veille et c'était un cousin qui s'était occupé de trouver une voiture et l'avait accompagné jusqu'à la frontière marocaine d'où il a traversé le chemin des *zoudj bghal*.

140

Il était connu dans ce pays pour ses talents d'orateur, et conseiller politique il fût progressivement conseiller du roi Mohammed V puis celui de son successeur, Hassan II ensuite son directeur du cabinet royal et finalement Directeur de la Radiotélévision Marocaine dans ce même pays. Désormais un autre climat s'installait en Algérie, et nos parents commençaient à prendre peur. Plusieurs membres de ma famille ont été malmenés, arrêtés, et emprisonnés dans des camps pour être relâchés, pour certains quelques mois après, et pour d'autres quelques années à Bossuet à côté de Télagh sur les hauts plateaux, à Ârcole près d'Oran et même plus loin dans les Aurès à Lombez pour ceux reconnus comme meneurs, beaucoup de ceux qui ont été relâchés ont fui au Maroc où ils se sont installés dont certains confortablement où ils ont encore de la descendance à nos jours. On parlait tout le temps de ces événements qui prenait de l'ampleur un peu plus chaque jour. En rentrant à la maison, un jour en revenant de l'école j'ai trouvé la maison vide et ma mère un peu triste, ma grand-mère était partie chez son fils enseignant au Maroc et avait pris mes deux sœurs avec elle pour les mettre à l'abri de la guerre et mon jeune oncle menuisier pour se réfugier dans le pays qui venait d'avoir son indépendance, croyant que les évènements qui venaient de se produire allaient être une histoire de quelques jours, voire quelques mois. Désormais nous étions seuls dans une grande maison, le cercle familial s'est donc réduit à des dimensions d'un petit carré de quatre personnes, mon oncle Sid Ahmed le coiffeur, ma mère, mon frère Amine, et moi. Très peu de temps après, on apprenait la mort de mon oncle, le musicien chef d'orchestre Rahal Si Driss, dans un hôpital de Temouchent où il se faisait soigner d'une grave crise d'asthme qu'il a toujours traîné avec lui et sans s'arrêter de fumer. Toutes les maisons de notre grande famille s'étaient vidées de leurs occupants, au grand plaisir de l'armée française qui ne tarda pas à en faire ses lieux, pour les uns ses casernements, logements d'officiers, sièges de commandement et jusqu'à installer son deuxième bureau où beaucoup de gens sont passés pour avouer leur crime d'être anti-français moudjahid , et nombreux, très nombreux ne sont jamais ressortis vivants Les jours et les mois qui suivirent, occupèrent les soldats français à verrouiller la ville par son enfermement intérieur et extérieur par la pose des grillages de fils barbelés. Les rues ne communiquaient plus entre elles, il nous fallait faire de longs détours pour aller à l'école ou faire nos courses. Le four public à quelques mètres où nous emmenions cuire tous les jours notre pain, s'était éloigné du coup à plus d'un kilomètre. Les enfants qui déjà n'aimaient pas faire les courses

142

à leurs parents refusaient plus souvent de s'y soumettre à ces nouvelles corvées, moi je faisais comme eux et je préférais rester jouer dans ma rue jusqu'au jour où mon autre oncle de France est rentré en Algérie pour se marier à une Tlemcénienne qu'une tante paternelle avait indiquée à ma mère qui connaissait un peu ses parents. On fiança rapidement mon oncle et le mariage se déroula dans un climat et une tristesse d'enterrement et sans invités, nous étions tout au plus une quinzaine de personnes enfants confondus. Pas de youyous ni de danses, la guerre était déjà là. Les festivités de ce genre avaient été interdites par le Front, entendez par là le FLN, mais la tristesse qui accompagnait cet interdit était d'une autre cause. La mariée venait de perdre en peu de temps, d'abord sa mère d'un cancer du sein, et son frère policier venait d'être abattu par un Fidaï du FLN, elle était donc en deuil et nous avec, puisqu'on venait de sceller des liens familiaux. Mon oncle qui n'avait pas été très studieux à l'école ne pouvait faire qu'un travail de cordonnier qu'il avait pratiqué avant d'aller en France. Un cordonnier l'a pris le temps de se faire un peu d'argent pour pouvoir voler de ses propres ailes. Moi je commençais à être son serviteur et celui de sa femme, gentiment, en échange de petites récompenses, et étant devenu mon tuteur, il commençait à me faire réciter, contrôler mes

143

devoirs, et aussi, m'administrait mes premières punitions, qui sous prétexte de s'occuper de mon instruction, ne laissait pas trop de force à ma mère de s'y opposer. Dans notre société une femme sans mari, était elle-même soumise au droit morale et de tutelle de sa famille, mais ma mère n'était pas femme à se laisser déposséder de son pouvoir maternel, par quiconque, soit il son frère. En ce qui me concerne, elle avait lâché du lest à mon oncle pour surveiller juste ma scolarité, ce qui lui permettait d'être absout de tout jugement sur sa violence envers moi. A partir de là, tout lui était permis, et de là, le début de mon calvaire. Ma nouvelle tante intervenait des fois pour réduire le nombre de coups de ceinturons, ce qui la faisait voir à mes yeux comme une femme très bonne à mon égard. Mon jugement s'est arrêté ainsi sur elle, et je ne crois pas à ce jour qu'il ait changé de beaucoup, mais elle ne s'était jamais gênées pour me faire toutes ses courses, chez l'épicier son cousin qui était très loin installé et par le fait des barrages scellés de barbelés mon trajet avait doublé. Je portais les courses, jusqu'à quinze kilos de poids sur la tête et sur plus de deux kilomètres et cela deux à trois fois par jour, voire plus, les jours sans école. Des fois des adultes sur ma route, me soulageaient un instant de ces lourds paniers en m'aidant à le mettre par terre le temps d'une pose, et en attendant qu'une autre personne de passage me le remette sur la tête pour continuer mon chemin. Je souffrais en silence, et seule ma mère s'en apercevait, à cause des maux de tête que j'avais, et que mon oncle prenait pour de la simulation ou quand il voyait que c'était sérieux, il mettait ça sur le compte des coups de soleil quand je jouais trop dehors. Les journées d'école devenaient pour moi, tantôt des échappatoires, tantôt des attentes pleines d'angoisse, mais rarement une motivation en dehors des leçons de travaux pratiques, ou de géographie qui étaient mes matières préférées. Un de ces dimanches qui suivait, un voisin lycéen, pour me récompenser d'un petit service, me faisait faire un tour de bicyclette qu'il avait loué pour une heure chez Benamar Ben Midoun comme le faisaient tous les jeunes à partir d'un certain âge, disons, au début de l'adolescence et pour seulement les garçons. Au deuxième tour, il conduisait et me portait sur le guidon, quand j'ai mis mon pied dans les rayons de la roue avant et provoquer une chute, avec des conséquences dont je subis encore les désagréments. Plusieurs blessures sur le corps et fracture crâniennes n'ont pas eu raison de ma vie, mais m'avaient éloigné de ma famille pour plus de trois mois à l'hôpital de Tlemcen. Il fallait attendre le lendemain après cet accident, que les autorités militaires françaises nous donnent un laisser passer pour nous rendre à

145

soixante kilomètres de Nédroma pour mon hospitalisation. Avec mon oncle comme accompagnateur, j'ai fait le voyage assis dans la cabine d'un vieil Hotshkiss vert qui transportait aussi de la chaux en vrac et en pierre qui se fabriquait non loin de chez moi. Plus de deux heures de voyage avec des contrôles par des militaires qui nous laissaient passer facilement après m'avoir vu la tête emballée dans une grosse épaisseur de coton et bandage. Le docteur Nebia en même temps que mon constat de blessures crâniennes avait diagnostiqué des lésions graves aux intestins et qui pourraient m'être fatales si je n'étais pas admis d'urgence à l'hôpital. C'étaient les conséquences d'un empoisonnement par ma sœur, quand j'étais plus jeune, elle m'avait fait boire un quart de litre de pétrole pour me faire passer une peau d'aubergine qu'elle m'avait fait avaler et qui m'était resté coincé dans la gorge. Donc notre voyage s'était passé convenablement et sans accroc particulier, et je sais pourquoi je le dis, nous nous connaissions bien avec le camionneur qui nous avait conduit et qui avait parlé toute la durée du trajet, les routes qui conduisaient à Nédroma étaient étroites sinueuses et taillées dans le granit, souvent des cars, camions et mêmes voitures ont fait le plongeon au fond des ravins, recouverts de maquis. A un endroit précis qu'il indiquait à mon oncle, il nous racontait, qu'un jour en baissant

146

la tête pour changer de vitesse dont le levier se trouvait bas sur le plancher de la cabine, des moudjahidines ont tiré une rafale en sa direction, mais quand ils avaient vu qu'il portait un turban ils l'avaient laisser passer. Quelques temps après, ces mois à l'hôpital, cette histoire avait fait du chemin et mon oncle en mon absence l'avait prise à son compte. Ce qui est sûr c'est que j'étais conscient ce jour-là et aucune rafale ni de moudjahidine, ni de français n'avait été tiré dans notre direction, je venais d'avoir la preuve que mon oncle était bel et bien un menteur, et ça ne le grandissait pas dans mon estime. Ceci apportait une pierre de plus à mon édifice. Un jour je raconterai la vérité et je le confondrai, pour ce mensonge qu'il voulait faire passer pour de l'héroïsme immérité. Comme une autre fois, où un collaborateur des autorités militaires françaises, Lasgaa, connu pour être un homme violent et sans pitié et qui portait toujours un pistolet sous sa djellaba, avait été agressé et blessé par arme. Il s'était vengé lui aussi sur les civils et au moment où il tentait de vider son chargeur de ses dernières balles, j'étais seul à être en face de lui et j'aurais été sa dernière victime si son arme ne s'était enrayée ou était déjà vide. Dans la rue étroite qui menait à la cordonnerie, j'ai rencontré un autre fuyard de ma famille à qui je venais de raconter ce qui venait de se passer. Il m'avait pris par la main,

147

nous avons couru dans le sens inverse de mon arrivée et rencontré ce tireur fou et blessé mais que je savais désarmé et impuissant.

Mon hospitalisation à Tlemcen avait duré plus de trois mois, dans la solitude, et l'attente de visite de ma famille qui ne venait qu'une fois ou deux par mois à cause des tracasseries des militaires français. Des fois des parents de ma nouvelle tante, qui étaient de cette ville venaient me voir si des évènements ne les empêchaient pas. A Tlemcen habitaient tous les membres de ma famille paternelle mais personne ne savait que j'étais là hospitalisé dans un état critique, pas même mon père que je n'avais vu depuis qu'on s'était séparé en quittant la France. J'étais dans une chambre du premier étage de six d'adultes qui avaient l'œil sur moi, l'un d'eux était de Nédroma. Ma mère était venue me voir à deux ou trois fois, et j'étais envahi de bonheur. De la vitre qui donnait sur le hall d'où arrivaient les visiteurs parents et amis des malades, j'avais reconnu ma mère de loin, pourtant beaucoup de femmes voilées traversaient ce long couloir du rez-de-chaussée. A peine était-elle là je lui montrais que j'avais nouer les lacer de mes chaussures, et qu'un homme, voisin de chambre, m'avait patiemment montré comment il fallait faire. Après quelque instants, ma mère m'avait donné quelques friandises et des gâteaux qu'elle avait confectionné spécialement pour moi et tout ce que m'ont envoyé les filles qui apprenaient la couture et la broderie. Elle m'avait porté aussi des cahiers de devoirs et un livre pour que je n'ai pas de retard dans mes cours. A l'intérieur, mon oncle avait mis ses ordonnances scolaires et les recommandations sur les leçons à apprendre, il faut avouer qu'il avait une belle écriture mais je n'avais pas encore son niveau scolaire pour pouvoir corriger ses fautes. Les visites étaient courtes et se terminaient par une sonnerie qui me rappelait les fins de récréations à l'école, ma mère qui était accompagnée de sa sœur me laissait avec regret, des conseils et quelques larmes lui coulaient des yeux en me faisant de la peine, moi de mon côté je ne laissais rien apparaître qui puisse lui faire le moindre chagrin. En me quittant elle me donnait les dernières nouvelles de Nédroma qui n'étaient pas très réjouissantes, et m'avait annoncé que l'épicier grossiste, cousin de ma tante était mort avec neuf personnes dans son magasin d'une explosion de bombe que lui avaient posé le FLN, pour sa mitoyenneté avec le commissariat de police d'état, et mon oncle qui était souvent dans ce dépôt l'avait échappé belle en sortant quelques minutes avant. Et ça avait provoqué en moi un regret que mes prières ne soient toujours pas exaucées alors

149

que je méritais d'être écouté par Dieu dans l'état où j'étais. Le même jour une autre bombe avait tué un coiffeur juif qu'on appelait charlot et les occupants de l'étage d'au-dessus, dont une partie de sa famille nombreuse, ce qui avait fait une dizaine de morts. À l'hôpital je continuais à m'habituer aux personnes qui m'entouraient, patients et personnels à mon petit lit en fer forgé blancs avec une protection de chaque côté, ce qui me rappelait que j'étais encore un enfant. Parmi mes voisins de chambre se trouvait un monsieur d'origine européenne, roumi, comme on disait là-bas plutôt âgé, qui tous les jours à quatre heures me donnait un bonbon que je prenais dans une boite métallique dorée qu'il me tendait. En voyant le livre et les cahiers que m'avait emmené ma mère, il s'est proposé de m'aider mais hélas il n'était resté qu'une dizaine de jours. Après quelques mois est arrivé le jour de sortie où j'étais à la fois content et angoissé de retrouver cet enfer de guerre et de devoirs scolaires où j'avais déjà accumulé beaucoup de retard C'était mon oncle toujours lui, qui était venu me chercher mais cette fois en taxi et nous sommes rentré à notre chez nous c'était déjà le printemps alors que j'étais parti en hiver. Le soir, j'avais préparé mon cartable et ma rentrée en classe commença par un essai d'interrogation orale, par l'instituteur, façon de voir si j'avais pris la peine de réviser mes leçons à l'hôpital.

Entre temps mes camarades avaient appris entre autres, les chiffres romains qui pour moi, représentaient des mots courts que je prononçais en lettres alphabétiques. Un jour en récitant ma leçon de chiffres romains, j'ai provoqué, la stupeur, l'hilarité, la moquerie et l'humiliation dans toute l'école. J'avais tout simplement lu le roi Louis XIV, en prononçant le x le i et v comme un mot et non comme un nombre. Le maître que je détestais plus que tout au monde me faisait répéter plusieurs fois croyant peut être que c'était une sorte de blague de ma part, m'a promené dans toutes les classes où enseignaient ses collègues pour me faire répéter cette énormité de langage que je ne pouvais soupçonner, et pour faire une bonne mise en scène il chuchotait à l'oreille de l'instituteur qu'on était allé voir, qui répète à ses élèves de bien écouter comment j'allais réciter ma leçon d'histoire sur le roi soleil et voilà que je recommençais en faisant le tour des Ce1, Ce2, Cm1 et Cm2. Pour finir il écrivait un mot sur mon cahier de classe à l'intention de mon oncle pour lui signaler mes lacunes. Mais comme je venais de sortir de l'hôpital je n'avais pas eu droit à ma raclée, mais des révisions jusqu'à tomber de sommeil tard dans la nuit à la lumière des bougies. Cette période de convalescence, et scolarité à la fois me donnait des idées et je profitais pour faire l'école buissonnière en simulant cette fois-ci la maladie. De l'école je n'en avais plus envie, et tous les jours un peu plus. Notre maison, se trouvait sur une rue, qui était le passage obligé de toutes les patrouilles de militaires français qui allaient du bas au haut de la ville où nous habitions, et à une cinquantaine de mètres d'une caserne de harkis goum d'une SAS (Section Administrative Spécialisée), installée au pied du château d'eau entre la maison forestière et le service des ponts et chaussées. Le soir après le couvre-feu on éteignait les lumières pour allumer les bougies, et on avait pris la précaution de clouer des cartons sur les persiennes de toutes nos fenêtres, même celles qui donnaient sur l'intérieur de la maison, pour ne pas attirer l'attention des militaires supplétifs voisins qui n'hésitaient pas à nous jeter des cailloux par la terrasse, disaient-ils pour nous faire peur ou s'amuser, et ils s'amusaient souvent à nous faire peur. Un soir une patrouille qui ne devait pas bien connaître le quartier s'était aventurée jusqu'au niveau de la porte de notre maison et avait surpris une autre patrouille de harkis qui sortait juste du porche de la vieille citadelle de la Casbah encore debout à ce jour, et croyant avoir affaire à des fellagas, avait tiré une rafale de mitraillette, sur laquelle les seconds ont riposté, en faisant un mort. De derrière notre porte on tremblait tous de peur, mais on écoutait tout ce qui se disait des fois ma sœur et moi allions

152

regarder par l'énorme trou de la serrure, et c'est comme ça qu'on avait vu le cadavre du militaire harki. Mon oncle ne savant quoi faire de son courage est allé se mettre un deuxième pantalon, la pratique courante pour les hommes où dans les cas de rafles, une rafle improvisée mènerait les soldats à le sortir de chez nous pour le faire parler et lui donner une raclée que j'aurai souhaitée et qui m'aurait beaucoup pli. Mais rien ne s'était passé de fâcheux pour la famille et à mon grand regret. Après ça je nourrissais encore l'espoir qu'on allait nous consigner chez nous, pour ne pas répéter ce qu'on aurait entendu, et je n'irai donc pas à l'école ce jour-là. Hélas le matin tout se passait le plus normalement du monde, à peine le couvre-feu levé, on avait ouvert la porte, pour découvrir à un mètre de chez nous, une grosse tache de sang, que les militaires avaient tenté d'effacer avec du sable. Mon oncle avait programmé pour sa journée d'aller à Tlemcen, chercher des fournitures de bourreliers. Depuis quelques temps, en plus de son emploi comme cordonnier, il travaillait clandestinement à la restauration ou la fabrication de colliers de chevaux de trait, métier qu'il avait appris des mains de mon grand-père maternel et dont il avait retenu les leçons et la pratique. Moi de mon côté aussi j'avais programmé mon emploi du temps, et j'avais comme la veille prévu de faire faux bond à l'instituteur mon deuxième bourreau dont la lâcheté n'avait d'égale que sa grosse taille. Qu'il soit obligé de me tenir par des camarades de classe pour me frapper sous la plante avec le pied d'une chaise qui a dû s'effondrer sous poids d'éléphant. Tout ce qu'il faisait m'intéressais, même en dehors de l'école, par exemple, a quatre heures et demi à l'heure de sortie de classe j'attendais un peu pour le voir monter dans sa voiture neuve qu'il venait d'acheter, un dauphine Renault de couleur jaune, qui, si elle avait une âme, devait souffrir peut-être plus que moi à supporter un poids si lourd. Pauvre petite Dauphine que je trouvais mignonne et sympathique Mais ce qui m'amusait secrètement c'était de le voir s'engouffrer avec beaucoup de peine, et fier de sa personne, en laquelle je ne voyais qu'une méprisante brute qui ne m'a jamais laissé un moindre souvenir agréable de ses cours ou leçons. Il est mort il y a déjà longtemps et j'ai pensé au bout de terre qui l'aurait accueilli dans des souffrances et des gémissements si la terre avait le pouvoir de s'exprimer. On dit chez nous les musulmans, croyant et craignant Dieu, que chacun de nous a droit à une mesure et demi de terre. Pour les journées de l'école buissonnier j'allais avec mes camarades, jusqu'en bas de la ville et à la dernière rue, je décrochais et prenais le chemin qui mène à la sortie de la ville où je rencontrais un autre cousin

154

pour aller nous amuser dans le jardin de notre famille à Bou Kmila et qui était tenu par B Amar Mouna, un *guenaoui* (berger) qui était notre jardinier un certain temps, que toute la ville connaissait pour sa gentillesse et surtout avec les enfants, et avec lui on ne risquait pas d'être mouchardé à nos parents. Pour mon cousin c'était moins grave quand il avait envie de ne pas aller à l'école sa mère, ma tante femme d'affaires, le gardais auprès d'elle, comme si elle savait, longtemps à l'avance qu'elle y pourvoira pour son avenir et c'est ce qu'elle a fait et pour tous ses enfants. Ce jour-là, le départ du car du matin qui allait à Tlemcen avait été annulé et mon oncle qui attendait une occasion avait fait notre rencontre en dehors des heures d'école à nos surprises croisées. Je ne savais quoi lui dire, mon cousin se sachant défendu par sa mère a détalé à une vitesse fulgurante, et moi j'ai été pris par le cou, comme un agneau, qu'on emmène à l'abattoir, tenaillé dans ses mains de cordonnier, rugueuses et puissantes, mon cartable en bandoulière, jusqu'à la porte de l'école. De temps en temps, il me serrait un peu plus, jusqu'à ce que je sente un flux sanguin envahir mon visage, mais il ne me donna aucun coup, sur le corps ; mais une fois arrivé à l'école, où il était déjà l'heure de la récréation et la plupart des instituteurs étaient devant la porte à fumer une cigarette, mon oncle me jeta par terre et se mit à me piétiner et me donner des coups de pieds sans qu'aucun secours ne vienne me délivrer des mains de ce monstre. Une fois en classe, le maître m'avertissait que ma punition ne serait pas levée, mais que pour cette journée j'avais eu mon compte et me chargea de punition écrite, du style recopier vingt ou cinquante, fois une récitation. L'année mil neuf cent cinquante-sept n'était pas une bonne année pour moi alors que mes deux premières années de ma scolarité étaient des succès en bons points et bonnes notes, puisque j'avais été le premier ou deuxième sur toute l'année scolaire. Après une punition très violente encore, de la part du gros instituteur, ma mère a été le voir à son domicile familial et l'avait sommé d'arrêter ses maltraitances sans quoi elle avertirait les autorités qui pourrait prendre des sanctions contre lui, cela avait suffi, et il ne s'était plus occupé de moi, comme s'il était fâché, cela m'avait apporté un peu de paix, et je recommençais à bien travailler et j'avais pu passer en Ce2 sans problème. La guerre était là, l'armée venait de partager avec nous l'école en prenant une moitié symétrique ou presque en divisant la cour par un grillage, notre emploi du temps avait été réduit de moitié, il me restait donc la moitié du temps pour les devoirs et m'amuser, que je croyais, mais hélas mon oncle me trouva facilement une occupation à l'aider dans son travail, qu'il pratiquait à l'étage

156

de la maison dans une pièce qui lui servait d'atelier à côté de l'espace qu'il occupait comme habitation. Je lui cardais le crin, d'abord le vieux qu'il avait récupéré des vieux colliers de chevaux, pour s'en resservir à les restaurer, ensuite du crin tout neuf qu'il commandait par sac et qui arrivait par le car de Tlemcen. On allait tous les deux attendre les colis en bas de la ville et on remontait à pieds bien sûr et chargés comme des mules. Parmi les colis il y avait des rouleaux de toile de jutes des bois en forme de S, des toiles, des clous, des anneaux et des ferrures qui servaient à fixer les S sur les colliers. En ces moments-là, mon oncle était plutôt gentil, et faisait plutôt paternel. Des fois même je ne croyais pas mes oreilles quand je l'entendais me dire, mon petit, doucement, fais attention à toi etc. je ne le croyais qu'à demi ou pas du tout, je n'étais pas dupe pour me laisser corrompre par une fausse gentillesse qui disparaissait à la moindre humeur désagréable envers moi. J'étais le seul, au fait, à encaisser ses mauvais passages. Il lui est arrivé des fois, mais rarement de me gratifier d'une ou deux pièces de cent francs quand il m'a occupé toute une journée et que ma mère commence à me trouver fatigué le soir. J'étais devenu pratiquement son demi ouvrier et ça me plaisais à moitié puisqu'il ne me restait que peu de temps pour jouer dehors, le couvre-feu était vite là dès que je mettais le nez dans la rue.

Mon emploi du temps était prescrit à l'avance, le jeudi, jour de marché je faisais les courses le matin pour ma mère et l'après-midi j'allais chez le forgeron de *guenawa*, quartier de familles noires de Nédroma, pour faire forger les ferrures qui servaient à maintenir les S en bois sur les colliers que restaurait mon oncle patron. Cet artisan était gentil et patient et je l'aidais à tourner le souffleur à manivelle en changeant de main de temps en temps. Je regardais bien tout ce qu'il faisait, et une fois le travail que je lui avais porté était fini je repartais chez moi en traînant un peu dans les quartiers avec mes petits chargements, qui me servaient d'armes de défenses au cas où un autre garçon tenterait de m'agresser, si j'avais à passer devant chez lui, ce qui m'arrivait souvent quand les rues où je passais habituellement étais barrées par les grilles de barbelé, et que je sois obligé d'emprunter un autre territoire. De tout temps les enfants de Nédroma se sont transmis de génération à génération cette amusante mais fâcheuse coutume de se faire la guerre entre rues ou entre quartiers. Chaque famille ou groupe de familles avait sa rue qui portait leur nom. Jusqu'à ce jour, même baptisées de nouveaux noms de martyres, ou autres, n'ont rien changé aux anciennes dénominations. Certains quartiers ont toujours porté des noms de saints ayant vécu, et morts au 11e et douzième siècle à Nédroma, et commencent tous par Sidi ce qui veut dire mon maître et ils encadrent pratiquement toute la ville et ont chacun son mausolée et sa coupole, certains même servent de lieux de prière et d'écoles coraniques pour les enfants, en dehors des heures de cours scolaires. Ce qui fait de Nédroma une ville sainte. Être enfant dans ces quartiers n'était pas que jeux et repos aussi bien pour les filles que pour les garçons, et particulièrement pour les fils d'artisans. En périodes scolaires, ou en vacances on avait en plus à fréquenter l'école coranique les cours de rattrapage, les courses pour les parents et voisines, qui n'ont pas d'enfants ou de mari, et s'occuper chez un artisan qui aurait bien voulu de nous si par ailleurs on ne s'était pas fait remarquer, par de mauvais comportements, dont tout le monde est au courant. Une ville où rien n'échappe à personne. Un mauvais classement à la composition mensuelle et vous rentrez chez vous à cinq heures, avec les félicitations ironiques et d'un goût cynique de tous les commerçants artisans et autres que vous croisez sur votre route, et du genre « alors tu as eu le bac, le brevet ? » ou alors mieux, en te voyant remonter péniblement ta rue, oh ! avec toutes ces bonnes notes qu'il a dans son cartable. « Il est fatigué notre futur ingénieur, tu sais que c'est

159

lui qui veut nous construire une Tour Eiffel » et l'autre qui surenchérit, « Non !!! lui il aime faire les ponts », en faisant allusion à ma planque d'école buissonnière, quand j'allais me cacher dans les grandes buses en ciment que les ponts et chaussées déposaient à la sortie de la ville. Et le troisième qui enchaîne, « mais ici il n'y pas de grandes rivières », mais insiste le premier qui était comme les autres mon voisin, « rivière ou pas il nous fera un pont et il a déjà mesuré les tuyaux n'est-ce pas ? » Ils avaient déjà fixé mon avenir, ces ratés qu'ils ont été eux-mêmes ! Si non, que font-ils là autour d'une table à marteler, sur les chaussures en cordonnerie, en tissage de couvertures, en maréchal ferrant ou mieux conducteurs de bourricots, comme ils aimaient à le présager aux autres. Comme si chacun de leur métier leur donner le droit de rêver aux sanctions suprêmes par un diplôme qu'ils n'ont pu espérer avoir, alors ils poussent tous à la plaisanterie, non pas pour nous humilier, nous les écoliers en qui ils voyaient l'avenir de leur ville, mais nous inciter à être mieux que ce qu'ils n'ont été, même pour ceux qui n'avaient aucun lien de parenté avec nous.

Ce genre de plaisanteries qui n'était pas à mon goût faisait rire ma mère quand je me plaignais, est toujours de mise, à croire que le temps n'a eu que peu d'effets sur les mentalités et c'est ainsi de nos jours ou presque. La pause des artisans de Nédroma est aux environs de quatre heures et demi de l'aprèsmidi, c'est l'heure du thé, qu'ils prenaient tous dehors en petits groupes de voisins, et c'était juste l'heure où on quittait l'école. Si par hasard on te voyait souriant et que tu sois classé parmi les trois premiers en composition tu avais le droit de leur offrir le goûter du jour et à l'instant même, il suffisait juste de dire aux parents que le tisserand ou cordonnier demande un thé pour lui et ses collègues et le voilà servi. Après tout c'est à charge pour lui de te garder pendant les vacances comme apprenti. On peut aussi faire l'apprenti tous les jours sans école et il arrive même à certains enfants de se faire embaucher sans même le demander au patron, juste en fréquentant l'atelier tous les jours, et à force de leur faire les courses, aller leur chercher le thé de dix heures ou de quatre heures ou un couscous et te voilà apprenti à partir de sept ou huit ans, beaucoup préféraient faire ce petit bouleau qui éveille en eux l'allure d'un adulte, plutôt qu'aller à l'école coranique où tu reçois en plus quelques petits coups de bâton pour bavardage ou somnolence et qui te rappellent sans arrêt que tu n'es encore qu'un enfant, illettré, inculte et fainéant de surcroît. Alors à choisir, on prend ses responsabilités, on préfère travailler gratuitement et pour de la considération. Mais beaucoup faisaient le tout, l'école française,

161

l'apprentissage du coran suivi de quelques prières selon l'emploi du temps, et le passe-temps chez un artisan. Moi je n'avais que peu de choix, encore je préférais faire les courses, aux uns et aux autres, ce qui me permettait de me faire quelques petits pécules en grignotant sur les prix à l'insu de mes commanditaires, j'avoue que je savais y faire et ça m'avait appris à pratiquer le calcul mental tout en gagnant des sous et des fois même beaucoup. Ma première victime était bien sûr ma mère qui elle ne savait pas beaucoup compter, mais elle arrivait à s'en apercevoir à la longue. Mon meilleur coup a été celui fait à ma tante « la femme d'affaires », où je me suis fait mon plus grand plaisir et aussi un jackpot, elle qui était si maligne et qui savait compter, je l'avais roulée comme personne n'aura jamais pu le faire toute proportion gardée. En effet, ma tante ses deux filles et son fils aîné travaillaient tous dans la fabrication d'espadrilles à base de chutes de bâche de camions, et de pneus de voitures usagés, le tout assemblé devient des chaussures bon marché pour les paysans. Et dire que les montagnards faisaient avec ça un pas dans le modernisme, parmi eux encore certains avaient, comme chaussures de drôle de mocassins du modèle d'avant les romains, cette comparaison n'est ni une blague, ni de la moquerie, la semelle se composait d'une plaque rectangulaire

162

de cuir brut de vache avec ses poils, perforée sur le pourtour et par lesquels on passait une corde tressée dans des filament de feuilles de palmiers nains et qu'on remontait en croisant et entrecroisant jusqu'à hauteur des genoux mais tout ça après avoir enfilé des chaussettes de laine bien épaisses. Ces mocassins de modèle millénaire étaient les derniers que j'avais vu et ma tante y est pour beaucoup dans leur disparition en pratiquant la fabrication d'espadrilles à base de pneus découpés en semelles. Mais des fois ma tante savait trouver des marchés dans d'autres domaines, elle au moins ne craignait pas de s'aventurer sur le terrain d'affaires pour homme et ce jour-là, on lui avait commandé une série de stores dans une toile rayée de toute les couleurs de l'arc-en-ciel, et pour lesquels il lui fallait des anneaux qui existaient en plusieurs diamètres, et que j'allais négocier chez le marchand qui n'était pas loin de chez moi, elle m'envoya d'abord chercher un échantillonnage, avec un modèle de chaque, ensuite les prix, et pendant une bonne partie de l'après-midi jusqu'à la conclusion de l'achat de plusieurs centaines d'anneaux métalliques et sur lesquels j'avais pris une marge de un ou deux centimes, ce qui me totalisa une somme de plus de quatre cents francs de l'époque et sur quoi elle me rajouta une petite somme comme récompense pour toutes ces courses comme prévu dans notre

163

négociation , J'étais rompu à ce genre d'affaires, à temps perdu, où quand les clientes se faisaient rares, pour la confection de leurs robes, ma mère achetait quelques coupons de tissus, chez le commerçant voisin Boucetta le farceur qui nous prêtait même les pièces entières, que je portais une à une à ma mère qui sélectionnait selon choix. A l'époque, il y avait eu de nouvelles collections dans le genre nylon et que je connaissais par cœur. Les nids d'abeilles, les cloqués, les lamés, crêpe de chine et j'en passe, étaient de mode, dans lesquels ma mère coupait des robes, chemisiers, soutiens gorges, fichus turbans etc. et qu'une fois finis, elle me les donnait à vendre en faisant le porte à porte d'une maison à l'autre, d'un quartier à l'autre et ça tous les jours sans école et vacances scolaires, je revenais rarement bredouille, mais je ne pouvais grignoter sur les recettes, de peur que ma mère ne rencontre la cliente et lui dise le prix de son achat. Mais ma mère savait me convaincre pour aller faire ces tournées en me donnant un tant de commission par vendu, et quand les journées étaient bonnes pour elle, elles l'étaient pour moi aussi. Des fois elle me disait discrètement que j'avais mieux gagné ma journée que mon oncle, bourrelier ce qui me faisait doublement plaisir, de me sentir plus capable qu'un adulte du moins je le croyais et de surcroît mon bourreau. En faisant ces tournées de représentant pour ma mère je n'avais

164

aucun complexe, alors que j'avais à peine dix ans. Les clientes acheteuses ou pas me proposaient des fois des gâteaux, ou un goûter et même, mais rarement, une pièce de cinq ou dix franc en supplément pour ma peine, genre pourboire. A mon âge, je ne savais pas épargner et ma sœur y était pour beaucoup, Elle y allait souvent de sa malice, en jouant au renard flatteur, pour me soustraire quelques parts de mes gains et les partageait avec sa copine Rahma.

Notre maison grouillait de jeunes filles adolescentes, qui apprenaient la couture et la broderie, en fin de journée d'apprentissage j'accompagnais celles qui habitaient un peu loin, mais seulement quand j'avais envie, et des fois contre une récompense. Ce n'était pas que j'étais de taille à les défendre contre toute agression, mais étant voilées, pour qu'elles soient reconnues et respectées je servais de signe de repérage aux gens qui me connaissaient comme étant le fils ou le petit fil d'un tel. Il m'était arrivé d'avoir été corrompu des fois, par des adultes que je connaissais, et qui s'intéressaient à ces jeunes filles qui venaient travaillaient chez moi. A deux reprises j'ai dû transmettre des petits courriers de garçons aux filles contre rémunération et où l'histoire avait mal fini sur la dénonciation, les filles qui se sentaient humiliées d'avoir été courtisées même à travers un bulletin. Mon voisin le coiffeur m'avait remis un petit mot pour la fille du garde, qui sur ça, l'avait répété à ma mère qui s'était fâchée sérieusement contre son voisin, un ami de mon oncle qui mettait en danger son gagne-pain. Après ça mon oncle tout honteux s'était réfugié chez l'un de ses copains pendant une semaine et ça avait beaucoup inquiété ma mère qui avait peur qu'on le ramasse dans une rafle de nuit. A cette époque on n'avait pas le droit de quitter son domicile sans autorisation de l'autorité militaire française. D'ailleurs cette histoire a été le début, de l'engagement discret, de mon oncle, dans son aventure, de script de tracts qui avait fini par le mener en prison en France. Et c'est ainsi que le destin enchaîne les événements à votre insu pour vous accompagner des fois là où vous aviez craint d'y aller. La seconde fois c'est le fils du marchand de machine à coudre et autres fournitures pour la couture, qui me chargea contre la somme de cinquante centimes, de remettre un petit mot à une jeune fille de mon voisinage et qui était souvent penchée sur le rebord de sa terrasse. J'avais accès facilement à toutes les maisons du quartier, même des fois aux heures de repas, et sans raison particulière, pour m'amuser même seul dans leur cour ou jardin. Je frappais le lourd heurtoir de cette énorme porte, et c'est la jeune fille supposée, qui venait m'accueillir discrètement, et

166

recevoir le message qu'elle savait être la destinatrice, mais au moment où je lui tendais ce bout de papier, sa mère avait surgit et me l'avait pris des mains en me posant des questions sur son origine et que j'avais de suite dénoncé. En quelques secondes on me claqua la lourde porte grise au nez et en suivant, des cris stridents remplissaient le long couloir de la maison qui m'a souvent servi de raccourci, et éviter de faire de longs détours quand je faisais mes courses, leur maison avait des portes qui donnait sur deux rues parallèles. La mère qui venait d'apprendre que sa fille recevait des billets doux d'un jeune homme, était dans un désarroi, accompagné de honte, elle avait surtout peur que j'aille racontait cette histoire dans la rue ou chez moi à la maison, comme si un crime venait d'être commis par sa fille cadette, et âgée de 17 ans. Les jours qui suivirent une attention particulièrement aimable me fit profiter de quelques gâteries et gentillesses, afin de me soustraire quelques informations sur le jeune amoureux par correspondance et sur des antécédents de courriers s'il y en avait eu. Le père n'était pas le chef de cette famille, un homme descendant d'une petite confrérie de guérisseurs et marabouts, qui ne travaillait pratiquement jamais mais qui s'adonnait à l'alcool tous les soirs avec des compagnons de route pour ne pas dire de bouteille, tel notre voisin boucher, un tailleur en djellabas de luxe pour hommes et mon oncle le meunier. Ils étaient connus pour leurs distractions formellement interdites par le FLN qui en certaines périodes avait fait couper le nez et les lèvres taillées à la lame avec une technique bien originale. On introduisait plusieurs lames à rasoir à moitié dans une pomme de terre, en laissant l'autre moitié dépasser en forme d'hélices et on lançait ça comme un projectile sur le visage de buveur d'alcool ou fumeur de kif qui avait braver les interdits. Ces rumeurs vrais ou fausses, les enfants prenaient pour argent comptant et se mettent à les fabriquer eux même pour faire des essais, afin de se sentir du bon côté et revenir avec les doigts tailladés se faire soigner chez leurs parents. On allait tous. Des fois mon oncle meunier se faisait ramasser et raccompagner par des patrouilles militaires après le couvre-feu sans avoir à subir le moindre désagrément de l'une ou l'autre partie de ce conflit d'Algérie. La période ou ma tante était venue habiter avec nous après avoir fait une bonne affaire en vendant sa maison et en attendant de se construire une autre, mon oncle, son mari, le meunier continuait ses mauvaises fréquentations de fin de journée, j'ai eu l'idée héroïque de préparer un coup digne d'un redresseur de torts, et dans le secret le plus total, j'ai écrit une dizaine de lettres comme si elle avaient été instruites par les membres de la révolution du coin, en script pour imiter la majuscule, des menaces de mort sérieuses, sur lesquelles j'ai apposé un caché fait avec le contour en encre rouge à l'aide du bouchon d'un encrier Waterman, FLN ALN en arabe et en français frappé d'une étoile à cinq branches et un croissant et un peu plus bas j'avais fait un dessin de couteau en le contournant avec une grosse tache de sang   , mis sous enveloppe et expédié à tous les membres alcooliques et à d'autres que la rumeur indiquait comme *collabo* à tort ou à raison et le tout posté sans timbre, le tout, financé par mes économies secrètes J'ai surveillé le courrier le jeudi et c'était moi qui l'avait pris des mains du facteur pour le remettre à ma tante comme si de rien n'était. Le soir contrairement à l'accoutumée ma tante ne dit pas un mot à son mari qui était venu plutôt que d'habitude, son fils aîné qui était cordonnier avait déjà été l'avertir de rentrer avant le couvre-feu et peu de temps après, ma tante a déménagé et mon oncle ne buvait plus, de peur de se faire trancher la gorge par les fellagas. Cinq lettres que j'avais gardées avaient disparues de mon cartable ne sachant de quelle manière. Mais j'avais vite compris quand mon instituteur de Cm1, Mr. Snouci m'avait retenu en classe pendant une récréation afin de me faire avouer d'où me venaient ces ordres ou idées de menaces. L'affaire fût classée discrètement et sans violence à mon encontre et les lettres furent brûlées dans le poêle à bûches du fond de la classe. Je n'avais jamais osé répéter cette histoire pas même à ma mère et c'est maintenant que chacun pourrait l'apprendre après tout j'ai rendu un grand service, et que si je l'avais dit on ne m'aurait jamais cru. Les journées devenaient de plus en plus courtes et cours d'école aussi, pour ces derniers ça ne me déplaisait guère, ça allégeait mes souffrances, mais les reprises devenaient plus difficiles et mes moments de hantises étaient surtout les récitations que j'avais en horreur puisque je n'aimais pas apprendre par cœur, ni ça, ni autre chose, en dehors de la géographie, et l'histoire à travers laquelle je découvrais un autre monde et y voyager à ma guise sans que personne ne s'aperçoive.

Les attentats devenaient de plus en plus fréquents et plus meurtriers ce qui n'était pas pour me déplaire, cette logique ne surprendrait personne ou du moins ceux qui ont vécu les violences de ce genre, l'armée française elle-même après une prise d'otages assez fréquentes, d'exécutions de prisonniers ou après avoir abattu quelques moudjahidines, venait les exposer sur les escaliers du marché, à la sortie de l'école, ce qui nous permettait de regarder dans le détail les endommagements corporels qu'ils avaient subi en devenant l'ennemi de la France.

Un jour comme ceux-là, la fin de journée scolaire, nous avions pris le chemin pour rentrer chez nous, après avoir traversé un long couloir de barbelé qui nous conduisait de l'école jusqu'au marché. En traversant les entrées de casernement, on nous invitait à regarder les cadavres de cinq hommes à moitié dévêtus, les pantalons baissés, la poitrine nue. Un officier, qui était gaillard bien portant à quatre barrettes sur les épaulettes, c'est à dire un commandant, plutôt blond, épinglait sur les cadavres des affiches écrites à la main, en gros caractères pour que ça soit visibles, leur soit-disons grade et appartenance. Ils étaient gardés par des soldats blancs, deux harkis qui demandaient aux gens, si on les reconnaissait, et des sentinelles des tirailleurs sénégalais. L'un d'eux avait l'arrière du crâne défoncé et laissait son cerveau s'écoulait sur les marches en ciment devant l'alignement des boutiques, juste à droite du bas de l'escalier qui descendait du boulevard de la mairie, devant ces baraques aux toits en voûtes successives et alignés sur des dizaines de mètres. Un enchaînement de boutiques construites après la démolition des murailles anciennes en pisé qui cernaient la ville depuis l'Epoque des Almohades. Des fois avant de rentrer chez nous, de l'école on montait sur ces terrasses et quelques-uns d'entre nous s'amusaient à enjamber quand les boutiques qui se trouvaient dessous étaient fermées.

171

Ce jour-là comme beaucoup d'autres, les militaires français voulaient par notre regard transmettre la peur à nos parents auxquels nous racontions tout ce qu'on avait vu et entendu. Cette situation d'hommes morts et dont les corps étaient mutilés ne m'impressionnait pas beaucoup, j'en avais vu d'autres sur la place de la Tarbiâ, quand les militaires avaient fusillé deux prisonniers au petit matin et que j'avais été voir au lever du couvre-feu pour les reconnaître, s'ils avaient été de chez nous. Une autre fois aussi, avec mon autre cousin, on avait trouvé cinq cadavres à l'entrée de notre jardin. Mais des gens surtout des femmes sont venus nombreuses pour les couvrir de voiles blancs, et arroser de parfum en criant des you-yous. D'honneur, oui on honorait certains morts que l'on considérait comme valeureux et méritants par un accompagnement de nombreux you-yous. Quelques minutes après, les militaires français sont venus chasser les manifestantes et ont ramassé les cadavres en les jetant comme des charges lourdes les prenant à deux ou trois par les bras et les jambes dans un 4x4 militaire.

Du coup Nédroma se trouverait cloîtrée plus par la peur pour les enfants et les adultes que par les barbelés qui la cloisonnaient. Les épines de ces barrages fixes faisaient moins mal aux enfants qui les escaladaient ou glissaient par-dessous, en se faisant aider de leurs camarades par des cartons de protections et de bouts de planches pour relever les fils de fer épineux. On s'était vite adapté à la présence de ces ronces d'acier, et la parade pour les contourner était de glisser par dessous au niveau des caniveaux quand il y en avait, mais en l'absence des militaires. La persuasion de circuler libre avait donc échoué, jusqu'à voir des femmes en ceinte utilisant ces stratagèmes pour raccourcir leurs longs trajets en côtes abruptes et pénibles surtout en été.

On mûrit plus vite en présence d'événements plutôt violents et ça nous occupait et pimentait nos discussions entre enfants, je passais d'une classe à l'autre et j'avais toujours eu des instituteurs qui se ressemblaient, par leur violence. Ce n'est pas que j'étais détestable mais c'était mon oncle qui transmettait ses consignes pour les libérer de toutes retenue de me corriger.

De correction on est passé au défoulement, leur intention n'était pas de faire de moi un génie mais de montrer aux autres élèves l'exemple de punitions que je recevais et qu'ils recevraient s'il le fallait. Quelque part j'étais le modèle sur lequel ils exerçaient leurs méthodes pédagogiques de redressement. Un échec, à priori, puisque je ne cédais en rien à part nourrir mes sentiments de haines.

L'humiliation me venait surtout de mes camarades de classe, qui bien entendu ne comprenaient pas grande chose à la situation. Je ne leur en voulais pas mais je ne m'efforçais pas non plus à intégrer un groupe de jeux ou autre. Je ne me rappelle pas avoir eu des camarades d'école ou de classe nombreux comme les autres, je n'aimais pas non plus les jeux collectifs. Je n'étais pas non plus volontairement solitaire. Une fois pour mettre un terme à une tentative de moquerie sur moi par un élève de ma classe qui voulait me rabaisser en essuyant ses mains sur mes vêtements pendant qu'on se ranger pour rentrer en cours, je lui avais violemment assener un coup au ventre et je l'avais invité à un duel après les cours une fois à l'extérieur. Chacun de nous accompagnait de son témoin comme ça devait être, et comme dans les films et sans qu'ils aient à intervenir dans la bagarre. Fort de ce que je lui préparais, en route avant le lieu de combat, j'avais ramassé un morceau de brique au pied d'un chantier de construction et je l'avais mis dans ma poche, sait-on jamais il pourrait prendre le dessus et je n'avais pas envie de perdre, question d'honneur pour moi. Mon adversaire ne s'était pas trouvé sur les lieux de rendez-vous j'ai dû continuer ma route pour rentrer déjeuner chez moi, mon copain m'avait suivi de loin au cas, et surprise j'ai trouvé mon protagoniste sur ma route, qui me barrait le passage au niveau de sa maison, s'en est suivi une empoignade sous les yeux de sa mère postée au seuil de sa porte et j'ai dû me résoudre à employer les moyens que j'avais prémédité, en lui assenant un coup avec mon arme, sur la tempe. Un cri ou plutôt un hurlement de douleur suivi d'un puissant jet de sang me fait prendre conscience de la gravité de mon geste et j'ai détalé et avec moi, ma pale frayeur visible sur mon visage. Ma mère a de suite deviné que je venais de faire une grande bêtise, elle me connaissait bien et mon teint livide lui annonçait la gravité de la situation.

Je lui racontais ce qui venait de se passer mais je restais fier de ma victoire. Il lui restait à attendre qu'on vienne se plaindre de mon agression, ce qui fût sans tarder. Ma victime n'était autre qu'un ancien camarade de chemin d'école qu'on empruntait ensemble tous les matins ou presque, ses parents étaient nos locataires pendant deux ou trois ans, et son père un homme d'une grande gentillesse n'a pas voulu d'histoires avec nous, en allant même soupçonner son fils de provocation. A l'école les événements ont été traduits autrement, et mes punitions étaient nombreuses et sévères. D'abord une convocation au commissariat accompagnée de quelques gifles et des menaces d'emprisonnement auxquelles je ne croyais pas du tout, un cousin de ma mère était le député-maire de notre ville et mon beau-frère et cousin était gendarme, l'instituteur par quelques nombreuses corrections qui ne me changèrent pas de mes journées habituelles, puis le directeur d'école qui nous punissait en nous mettant à genoux sur une règle en bois tout en tenant de gros livres ou dictionnaires à bout de bras à hauteur de la tête et son chien, un braque qui grognait derrière nous, chaque fois qu'on fléchissait un peu sous la fatigue.

A la maison j'avais planqué mon arme de brique, taillée en pointe de fer de lance, je l'avais gardé des années pendant, comme trophée et depuis je n'avais plus parlé à ce garçon. Cette histoire m'avait permis de me faire respecter à l'école ou presque, mais elle m'avait isolé un peu plus, ce que je ne détestais pas non plus. Lui, avait été blessé sérieusement au crane sur lequel il avait gardé des séquelles assez longtemps mais lui avait permis de s'absenter de l'école pendant un mois ce qui avait fait oublier qu'il avait été vaincu et n'avait pas à subir d'humiliation. Moi j'étais heureux de mon côté, je n'avais pas à lui présenter des excuses comme c'était la règle un peu partout dans ce pays. Tout allait pour le mieux du monde pour moi aussi. Quelques semaines après, une réunion des instituteurs, vers le mois de mai 1960, des élèves ont été retenus dans leurs classes après quatre heures, pour donner des renseignements sur leur parents. J'avais peur, et je ne savais quoi dire à propos de mon père dont personne ne savait où il se trouvait. Ça fait déjà plus de cinq ans et demi que la guerre est là. Mais, j'ai vite était tranquillisé quand l'un des instituteurs les plus anciens, Monsieur Didi, fils du pays, m'ayant vu à l'écart, un peu prostré, par la peur de ce qui pourrait m'arriver, m'avait demandé gentiment, d'aller me mettre avec les autres. C'était un instituteur très sévère, que je n'avais jamais eu. Il ne pourrait être pire que ce que j'avais connus à ce jour. Il était le seul dans cette école à s'habiller de façon traditionnelle, une chéchia, sur la tête et un pantalon arabe, que les enfants appelaient, le pantalon parachute. Nous étions une cinquantaine d'élèves debout en face de lui, quand il nous avait annoncé qu'ils allaient envoyer quelques-uns d'entre nous en France. Benamar Fellah dont le père était en prison pour la cause, était à mes côtés. D'abord j'avais pensé que jamais je ne serais parmi ceux qui mériteraient cette récompense. Alors je suis resté à l'arrière. Après avoir appelé une dizaine d'élèves, il était venu me demander discrètement où se trouverait mon père. Je ne lui avais pas répondu, à l'instant. Puis à l'oreille il

177

m'avait dit : on va t'envoyer en France. Il marquait mon nom sur un cahier de classe avec une gravure de Jeanne d'Arc sur la première page, et me dit de rentrer le dire à ma mère. En tout nous étions une dizaine à avoir été choisis. Après quelques jours, des militaires nous ont fait trois piqûres sur les omoplates, à deux semaines d'intervalle, à nous paralyser l'épaule et le bras pour quelques jours à chaque fois. Le jour du voyage est arrivé, j'avais encore en mémoire mes souvenirs d'enfance. Je me sentais moins dépaysé que mes camarades de voyage qui venaient de toutes les écoles de l'Oranie. Nous étions habillés, tous, de la même tenue qui nous avait été offerte dans un trousseau complet de voyage. Je commençais à grandir et je sentais que cet événement m'approchait de libertés que j'attendais. Aller seul en France sans ma famille, était mon premier envol. Dans le bateau j'étais un des rares avec Benamar qui n'aient pas été malades. On me demandait même de m'occuper un peu des autres, et je savais y faire. Nous avons donc fait la traversée jusqu'à Port-Vendres, sur le Kairouan, puis en train jusqu'à Fécamp ou nous avions été logés dans un château par la famille Gentilhomme pendant plus d'un mois. Avec ce nom, mes interprétations revenaient de plus belles, et j'assimilais ce patronyme au personnage qui nous accueillait. Jamais je ne l'ai vu dans une moindre colère, ce

178

châtelain, pourtant nous étions turbulents et agités, quoique bien encadrés par un groupe de six ou sept moniteurs. Je pensais donc, que ce monsieur qui nous accueillait portait bien son nom. J'avais gardé une bonne image de cet homme si sympathique. A mon retour en Algérie je leur avais écrit une lettre et une carte postale, mais je n'avais jamais eu de réponse. Son fils Jean Claude avait une vingtaine d'années et jouait avec nous, un vieux sabre rouillé à la main, à faire le corsaire, pour nous impressionner. Et en aucune raison, quelqu'un de cette famille n'est venu nous faire des remontrances, mêmes souvent méritées. Nous avions plumé tous les fruitiers et surtout les immenses poiriers à coup de cailloux pour faire tomber les fruits, et quand ils n'étaient pas murs, ils nous servaient de projectiles qu'on balançait aux petits français qui venaient nous insulter.

Dans cette région les gens venaient nous voir au château, à travers la grille. Certains nous observaient comme des bêtes curieuses dans un zoo. Des fois des enfants de nos âges nous provoquaient pour quelques escarmouches, ou nous jetaient eux aussi ce qui leur tombait sous la main. Pour ce genre d'agressions, nous étions mieux habitués et entraînés, alors les répliques étaient plus dissuasives. En lancer de cailloux ils ne trouveraient pas mieux que nous, du coup les adultes nous percevaient réellement comme des gens pas comme les autres. Mais en réalité, beaucoup de personnes s'attardaient à notre passage et donnaient aux moniteurs qui nous accompagnaient, un billet, pour nous acheter quelques friandises ou boissons, mais qu'ils gardaient pour eux même. J'étais aussi et surtout heureux d'être loin de chez moi et de mon oncle. Pour la première fois que je passais des vacances aussi longues et en paix. Je n'avais pas le temps de réfléchir, à trouver quelques mensonges, à prétexter tel ou tel retard etc. comme je le faisais en Algérie. On allait souvent, presque tous les jours à la mer, et j'étais de ceux qui savaient le mieux nager, même dans l'eau propre et salée. Un mois et demi de vacances où je n'ai pu aller voir ma sœur qui s'était mariée un an auparavant, à quinze ans, et qui se trouvait à Paris. Les moniteurs nous ont même fait boire du vin mélangé à de l'eau et j'avais apprécié. Ça aussi ça comptait pour ma liberté. Les vacances, comme celles-là finissaient vite et le retour chez moi, ne m'inquiétait pas outre mesure. Je m'étais promis de rendre coup pour coup et me rebeller contre toute violence. D'ailleurs je n'y pensais que rarement. J'allais vers mon adolescence et pensais quitter un jour cette maison qui m'avait vu grandir. Je faisais un jour la promesse que nous quitterons ce bel endroit, parce qu'il était surtout celui des autres. Nous leur laisserons, mais sauraient-ils l'aimer comme moi je l'avais aimé ? Un an et demi après, le cessez le feu était annoncé. Nous voilà libres, ou presque, mais moi plus que les autres. Je n'ai participé que deux ou trois fois aux liesses d'avant l'indépendance. Des gens que je connaissais comme simples citoyens et qui n'avaient surtout rien fait d'héroïque, s'étaient procuré des armes et des tenus militaires ont organisé des patrouilles de police. Ceux-là, on les avait appelés les « 19 mars ». Parmi eux, beaucoup de zélés ont installé un climat de terreur et de règlement de compte qui n'avait pas lieu d'y être. En quelque sorte ils ont pris la ville. Ces faux héros maquisards d'un jour ne se sont battus que contre des innocents qu'ils ont fait disparaître ou assassiné. Parmi leur gibier de potence se trouvaient deux hommes de ma famille plus ou moins éloignée. Le pire de leurs actions dans ce coin du pays, a été un guet-apens, tendu à une famille de colons, un couple et leur fils, Bieffel. Ce scandale a fait le tour du pays qui a regretté cette famille honorable qui n'avait pas l'intention de quitter l'Algérie. Pour des « résistants » de la dernière minute, ils n'étaient autres que moins que des brigands et sans honneur, que la ville tout entière avait rejeté. Le président de la république à l'époque qui était originaire de trente kilomètres de chez nous, s'était occupé personnellement de cette affaire et

181

les a fait jeter en prison. Leur avenir est devenu bien sombre à leur sortie, dira-t-on plus tard. Décès après un maladie, pour le premier, la chute d'une falaise à côté d'Oran pour le deuxième, et le troisième est devenu aveugle. Alors y'a-t-il un Dieu ou pas ? En tous les cas les gens de Nédroma y croient.

Celle d'abord qui me liait par la tutelle, à mon oncle. Je commençais par lui tenir tête et ne plus vouloir lui faire de courses. Il se préparait à passer le certificat d'études primaires pour adultes et c'était moi qui lui corrigeais quelques fautes. Je lui faisais aussi des dictées et quelques opérations et surtout je prenais mes distances d'avec un homme en lequel je n'avais que de l'antipathie. Mon oncle me parlait désormais différemment, sa promesse d'aider ma mère à me payer mon trousseau d'internat en échange de notre part d'héritage n'avait jamais eu de suite, malgré que ma mère lui ait signé les documents de legs de ses biens. Et ne sachant lire, elle lui avait cédé ce qui lui revenait de son père. Mais armé du désir de posséder à tout prix, en grand égoïste, un jour, il demanda à ma mère de quitter la maison pour libérer la place pour que mon oncle qui rentrait de France puisse se marier. N'ayant en face de lui qu'une femme, sa sœur, moi ce jour j'étais absent interne au lycée de Tlemcen, il obtenait raison d'elle. En quittant cette

182

maison de mon grand-père, ma mère au prix de son lien de sang, venait de m'aider à rompre cette chaîne.

Celle d'un passé qui me rappelait que lorsqu'un enfant n'a pas sa mère son père ou ses deux parents, la justice divine est trop patiente à le libérer de ses entraves. Quitter, ma maison c'est sortir de mon cercle et me sentir exclu d'une enceinte qui nous a protégé. Nous sommes partis ailleurs, mon frère, ma mère et moi. Les murs si épais de cette grande bâtisse, qui ne nous avaient protégé que de l'extérieur, étaient devenus fragiles. Deux ans auparavant deux énormes obus lancés par le 66eme régiment d'artillerie installé à la ferme Lavare sur la route de Ghazaouet, par erreur nous avait-on dit, avaient détruit le château d'eau a quelques mètres de chez nous, mais n'avaient pas eu raison de notre habitation où les mures se sont à peine fissuré. Cette maison, désormais, gardera mes secrets en elle. Du plus haut de sa terrasse, il n'y aura plus l'ombre d'un enfant qui aura rêvé de découvrir le vide qui se trouvait de derrière les horizons. Aujourd'hui il grandit et lui poussent des ailes qui lui apportent d'autres rêves. Ceux de s'envoler et atterrir où bon lui semblerait. – Celle qui me retenait, à l'école de Nédroma, dernier instituteur et le pire de tous, puisque j'ai réussi mes examens de passage en cinquième, de collège. Mes cours clandestins d'arabe, m'ont permis d'être dans une section Français classique, Latin et Arabe. J'avais retrouvé mon passé de petit Parisien, et redevenant un bon élève en français, j'étais admis à cumuler deux fois les mêmes cours en arabe et français latin.

Une fois parti de ce lieu ou des femmes et des hommes portent le nom de maîtresses, ou maîtres, vous vous sentiez libéré d'une chaîne, si vous vous rappeliez, avoir été traité en asservi comme je l'avais été.

Oui j'ai brisé mes chaînes, à mes douze ans, je suis parti blessé, au corps et à l'âme mais libre. Chaque maillon avait son poids de souffrance, de rancune et des fois de haine. Mais quelle divinité faudrait-il implorer ? et quelle prière adresser pour se soigner et se guérir d'une enfance douloureuse qui ne vous a pas fait sombrer dans la folie des hommes ? L'Algérie se préparait pour son avenir en brisant la chaîne qui maintenait son peuple au poids de la servitude. Le choix de ma mère n'était pas une erreur de me faire donner des cours d'histoire et d'arabe clandestinement. Elle y croyait dur comme fer, que pour notre indépendance, comme le répétait mon père, un combattant des premières heures ou le directeur de la Medersa qu'elle fréquentait le vendredi soir, la nation ferait appel à ceux qui connaissent aussi leur langue et leur passé. Briser ses chaînes pour aller à la liberté, vers l'infime instant où vous êtes seul en face de vous même à choisir de vous délester de ce qui vous a accompagné de douleurs. Cet instant je le cherche encore, je l'attends… ou pour le trouver si je le pouvais…

On ne se perd pas à aller à sa liberté, on retrouve sa voie

J'irai jusqu'au fond du plus profond des océans,

Il y a la nuit Il y a le froid Il y a le silence

Et là j'irai graver ton nom.

Oui, j'irai graver ton nom

Plus haut à l'air libre il y a l'espoir,

Il y a la vie, les arbres, Il y a les rivages

La lune qui se cache, derrière des nuages

Il y a des enfants qui jouent, crient et de tout âge

J'irai jusqu'en haut du plus haut des monts

Là où sont éternelles les neiges

Là où sans toi que serais-je ?

Là où le bruit n'atteint pas les sens

Là où les cris se heurtent au silence

Il y a le froid qui vous saisit la vie,

J'irai graver ton nom.

Oui j'irai graver ton nom

Et plus bas il y a les envols d'oiseaux

Il y a les rapaces et les moineaux

La vie, ainsi faite, de bas et de haut

Le vent où flottent les drapeaux

Il y a des nuages

Qui couvrent notre terre et ses villages

Et plus bas encore, sur la surface du globe

Certains Hommes règnent sur d'autres misères

De dictateurs ils ont plus que la manière

Et sur la plus haute cime des séquoias

Qui balancent au gré du vent,

Et moi Sur ses branches fragiles .../...

J'irai crier ton nom, oui j'irai crier ton nom

Je te rapporterai juste l'image

De ces arbres, immenses symboles décimés

De ces indiens et de leurs sages oubliés

J'irai aux peuples brimés

J'irai jusqu'à la muraille de Chine.

J'irai à la dernière pierre bâtie.

J'irai braver les interdits.

J'irai rampant mais sans courber l'échine.

Et là j'irai graver ton nom, oui j'irai graver ton nom.

Chez ceux qui souffrent et les enfants qui pleurent.

Il y a un Tibet, toujours du courage.

Quand j'aurai fait le tour du monde.

Du Mississipi jusqu'au Tage.

Du Sahara aux forêts profondes.

Entre toutes les guerres et une paix.

J'aurai appris à comprendre que seul l'amour a une Image.

Et c'est en le criant fort

Que ceux qui vous aiment vous entendent

Moi je crierai ton nom, oui je crierai ton nom.

Pour que les l'échos inondent Mes yeux de larmes,

La surface de la terre.

Pour emporter ceux qui s'arment.

Et dans le reste de l'univers.

Ils sauront que celle que j'aime.

Est juste là dans mon cœur.

Et cela ne me suffit pas.

C'est dans son corps que je veux être

Et crierons ensembles pour que nous entende le monde

Tel le Moueddine presque touchant sa lune

Il porte mon espoir au-delà des cieux .../...

Il remplira de sa voix une mer de dunes

Les caravanes y trouveront un guide

Qui appelle à tous les Dieux

Laissant abreuver de sang et les autres

Pour étaler leur puissance indue

Ils occupent déjà ville et mer morte

Nous crierons des milliers de fois,

Oui, nous crierons en sorte

A braver le silence ou perdre la voix

Et j'écrirai des milliers de pages,

Oui j'écrirai des milliers de pages

Pour que le livre soit si épais

Qu'un violent coup de sabre ne pourra couper

Peut-être nous laissera-t-on vivre pour l'éternité

Et notre amour et pour la paix

De voyager autour de la Terre

On rencontre la souffrance

Après des trahisons amères

En attendant que les enfants grandissent

Les paroles et les actes sincères

Feront en sorte que les croyants et les athées

Croient en une seule déesse

Qui, à nos écris, nos cris et nos appels

Répond au nom de Liberté

Azzam

Conclusion

Mes profonds regrets

Si elle avait été encore là, ma mère, je lui tendrais ma main droite bien ouverte, pour la toucher au mieux de ma sensibilité, l'approcherai de son visage et laisserai reposer sa tête en la caressant de toute la douceur que je possède pour éveiller en moi, la chaleur qu'elle a transmise à mon enfance, dans de longues étreintes pleines de baisers humides et d'amour solide que ma pudeur à enfermé dans un roc indestructible et dont elle était la seule à ouvrir du secret de son cœur. Si un instant fera, que la poussière que sera devenue mon corps vienne à rencontrer l'immortel petit point perdu dans les abîmes de l'absolu qu'est son âme, comme avant ma mère me sera une divinité et moi je resterai à jamais, sa créature. Alors et enfin, Je me laisserai à rêver au mieux de moi-même et, qu'à défaut de l'avoir vécu, en elle je continuerai à croire.

Imprimé en France 978-2-35216-592-7 Dépôt légal : 1er trimestre 2010

www.ingramcontent.com/pod-product-compliance
Lightning Source LLC
Chambersburg PA
CBHW062103080426
42734CB00012B/2733